Annabel Karmel

Les superaliments
pour les bébés et les enfants
de 4 mois à 8 ans

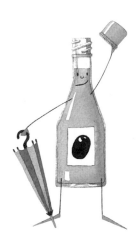

Annabel Karmel

Les superaliments

pour les bébés et les enfants
de 4 mois à 8 ans

**En collaboration avec Paul Sacher, diététicien et nutritionniste
à l'hôpital *Great Ormond Street Children's Hospital de Londres***

TRADUIT DE L'ANGLAIS PAR KARIMA AFCHAR

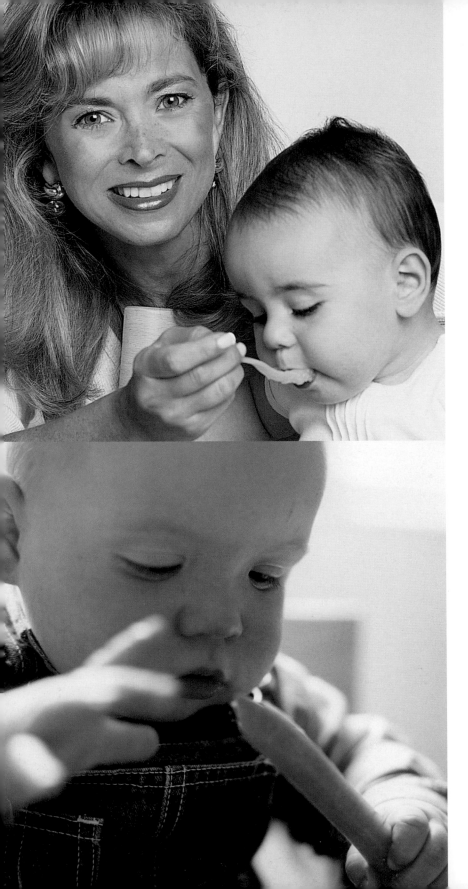

Catalogage avant publication de Bibliothèque et Archives nationales du Québec et Bibliothèque et Archives Canada

Karmel, Annabel

Les superaliments pour les bébés et les enfants de 4 mois à 8 ans

Traduction de : Superfoods for babies and children.

Comprend un index.

ISBN 978-2-89455-246-9

1. Nourrissons – Alimentation – Ouvrages de vulgarisation. 2. Enfants – Alimentation – Ouvrages de vulgarisation. 3. Cuisine (Aliments pour nourrissons). I. Titre.

RJ216.K3714 2008   641.5'6222   C2007-941051-0

Nous reconnaissons l'aide financière du gouvernement du Canada par l'entremise du Programme d'Aide au Développement de l'Industrie de l'Édition (PADIÉ) ainsi que celle de la SODEC pour nos activités d'édition.

 Patrimoine canadien Canadian Heritage   Canadä   Québec

Publié originalement en Grande-Bretagne par Ebury Press,
Random House, 20 Vauxhall Bridge Road, London SW1V 2SA

Révision : Emma Callery
Conception graphique : Helen Lewis
Photographie : Daniel Pangbourne, sauf p. 55, Dave King
Stylisme : Tessa Evelegh
Coordination : Sarah Lewis
Illustrations : Nadine Wickenden

Traduction : Karima Afchar
Révision : Jeanne Lacroix
Infographie : Olivier Lasser

Dépôt légal Bibliothèque et Archives nationales du Québec,
Bibliothèque et Archives Canada, 2007

ISBN : 978-2-89455-246-9

Distribution et diffusion
Amérique : Prologue • France : Volumen
Belgique : La Caravelle S.A. • Suisse : Transat S.A.

GUY SAINT-JEAN ÉDITEUR INC.
3154, boul. Industriel, Laval (Québec) Canada. H7L 4P7.
(450) 663-1777 • Courriel : info@saint-jeanediteur.com
Web : www.saint-jeanediteur.com
GUY SAINT-JEAN ÉDITEUR FRANCE
48, rue des Ponts, 78290 Croissy-sur-Seine, France
01.39.76.99.43 • Courriel : gsj.editeur@free.fr

Imprimé à Singapour

Table des matières

Introduction

De tous les aspects que revêt le rôle de parent, l'alimentation peut devenir l'un des plus frustrants. Malgré toutes les meilleures intentions, il nous faut faire face, tôt ou tard, au fait que notre bambin de 2 ans ne veut manger que des pâtes préparées aux formes fantaisistes ou des pépites de poulet qui ressemblent à des dinosaures, et que notre enfant de 6 ans ne veut se nourrir que de céréales au chocolat. À bout de nerfs, nous nous laisserions bien séduire par les publicités attirantes qui nous montrent le bébé ou l'enfant idéal avalant goulûment la dernière bouchée d'un produit quelconque. Il est consternant de constater qu'à une époque où santé et alimentation sont étroitement liées, les «aliments pour enfants» font référence à des produits très souvent malsains et de mauvaise qualité.

La plupart des enfants ont des périodes où ils mangent très peu, picorent et repoussent leur assiette. Il semble que plus nous essayons de les amadouer pour qu'ils mangent, plus ils se butent et moins ils mangent. Les enfants découvrent leur pouvoir!

On sait maintenant qu'une mauvaise alimentation est à l'origine de certains problèmes de santé, notamment l'obésité, le diabète, les maladies du cœur et le cancer. Il est donc important d'adopter très tôt, dès les premières années de notre enfant, des principes de bonne alimentation qui le protègeront plus tard dans la vie. Des études montrent que les maladies chroniques, les maladies du cœur en particulier, prennent racine très tôt dans la vie. Après avoir perdu ma fille aînée, Natasha, à la suite d'une infection virale très rare, je me suis promis que mes trois autres enfants grandiraient en appréciant de bons aliments sains puisque je pouvais contrôler tout ce qu'ils avalaient et que je pouvais influencer leur alimentation.

Après le décès de Natasha, je voulais que mon chagrin débouche sur quelque chose de positif, mais il a fallu un an pour que ce quelque chose prenne forme. La naissance de mon deuxième enfant, Nicholas, fut difficile : c'est mon mari qui m'a aidé à le mettre au monde, sur les marches de l'escalier. Il devint tout naturellement la prunelle de mes yeux ; c'est peut-être de là qu'est née ma prédilection pour les purées. En vérité, c'est à Nicholas que je dois ma carrière, puisqu'en termes d'alimentation, c'était un enfant très difficile. Il mangeait volontiers des yogourts et des fruits, mais refusait obstinément d'avaler quoi que ce soit d'autre. Puisqu'il refusait les petits pots pour bébés, je résolus de préparer mes propres purées et compotes pour le mettre en appétit. Comme j'avais toujours aimé cuisiner, je décidai que j'étais capable de préparer de savoureux repas, bien plus nutritifs pour lui que toutes les purées commerciales.

C'est au cours de mon travail avec le Great Ormond Street Children's Hospital de Londres, l'hôpital où Natasha était morte, que je publiai mon premier livre de recettes, *Le Grand Livre pour Bébé gourmand*, un succès de librairie dans le monde entier. Avec ce livre, je voulais que l'alimentation des enfants redevienne un plaisir. Des bébés et des enfants testaient mes recettes pour que je sache précisément ce qu'ils aimaient manger ; après tout, des aliments sains, c'est bien beau en théorie, mais si les enfants ne les aiment pas, ces beaux efforts deviennent inutiles.

Aujourd'hui, Nicholas a 15 ans et ses sœurs, Lara et Scarlett, ont 14 et 12 ans. Ils aiment cuisiner et mangent presque tout. Grâce à eux, je suis toujours à la page pour tout ce qui relève de questions culinaires.

Rien de tel que les aliments frais !

Les purées maison sont bien plus fraîches que celles vendues en petits pots sur le marché (dont la durée de conservation est souvent de 2 ans). Je suis convaincue qu'en offrant aux enfants, dès leur jeune âge, un bon choix d'aliments frais, ils seront moins difficiles. De plus, contrairement aux bébés qui n'ont été habitués qu'à manger des aliments tout prêts, au goût fade, ils pourront plus facilement s'asseoir autour de la table familiale et partager les mêmes repas que les autres membres de la famille si vous leur présentez très tôt une diversité de saveurs fraîches.

Pourtant, il n'y a pas si longtemps, les enfants mangeaient la même chose que leurs parents. Une alimentation distincte, composée de pépites de poulet, de hamburgers et frites ou de pizzas est une mode somme toute récente et qui m'attriste. C'est pourquoi je me suis efforcée de concevoir des recettes faciles et rapides, dont peuvent se régaler tous les membres de la famille, des plus petits aux plus grands.

Les recettes que je vous propose sont faites à partir d'ingrédients sains et délicieux, elles sont appétissantes tout en étant bonnes pour la santé. Alors, allez-y, préparez tous ces délicieux repas et donnez-vous-en à cœur joie, parce que, ne l'oubliez pas, l'amour en est le principal ingrédient.

ANNABEL KARMEL

Pour réaliser les recettes

Dans la marge, face aux recettes, se trouvent des renseignements sur les superaliments qui les composent. Les symboles suivants apparaissent aussi quand il y a lieu :

 peut être congelé

 convient aux végétariens

Les superaliments

La façon dont s'alimentent nos enfants

aujourd'hui trace la voie de leur avenir.

Un garde-manger bien approvisionné constitue

la meilleure médecine préventive

connue de l'être humain.

La couleur des aliments

Les superaliments sont des aliments dont le rôle ne consiste pas seulement à fournir les éléments de base d'une alimentation, à savoir les glucides, les protéines et les matières grasses, mais aussi à raviver l'énergie physique et mentale, à prévenir les maladies et même à guérir des lésions. Les recherches montrent, d'une part, que l'alimentation est à l'origine d'un tiers des incidences de cancer et, d'autre part, que dans les pays occidentaux, la quantité de fibres, de fruits et légumes frais qui composent notre alimentation est curieusement insuffisante. Les chercheurs estiment qu'un régime alimentaire composé principalement de fruits et légumes – et non de matières grasses –, et accompagné d'exercice physique régulier, réduit de 30 à 40 % les incidences de cancer.

Qu'est-ce qui fait donc de ces aliments des superaliments? Leurs caractéristiques chimiques. Ces phytonutriments, les vitamines, minéraux et oligoéléments, ne sont rien de moins que miraculeux. Ces puissantes substances chimiques naturelles se concentrent dans de nombreux fruits et légumes et jouent un rôle essentiel dans la prévention et la guérison de maladies, notamment le cancer et les maladies du cœur.

Dans les pays occidentaux, le nombre d'incidences de cancer connaît une hausse considérable, de même que les cas d'obésité chez les enfants. Les enfants ne mangent pas suffisamment de fruits et légumes. Les récentes études montrent qu'un enfant sur cinq, entre l'âge de 4 et 18 ans, ne mange ni fruits ni légumes, et que la moitié de ces enfants ne mangent pas les 5 portions quotidiennes de fruits et légumes recommandées. Il est essentiel de manger au moins 5 portions de fruits et légumes par jour pour être en bonne santé, et c'est la raison pour laquelle nous devrions intégrer des fruits et des légumes à l'alimentation de nos enfants, et ce, dès leur plus jeune âge, pour que ces aliments fassent partie intégrante de leur vie.

Les fruits et légumes présentent un autre bienfait pour la santé : ils contiennent des antioxydants, substances qui comprennent notamment les vitamines C et E, le bêtacarotène (qui donne aux aliments leur couleur orange) que le corps transforme en vitamine A, et les minéraux, plus particulièrement le fer, le sélénium, le zinc et le cuivre. Le rôle des antioxydants est important puisqu'ils nous protègent des conséquences de certaines maladies graves, le cancer et les maladies du cœur plus particulièrement. Ils neutralisent certaines molécules dangereuses, appelées radicaux libres, à l'origine de maladies et lésions. De nombreux fruits et légumes sont riches en antioxydants, et pour en obtenir une quantité suffisante, il faut s'assurer de choisir et de manger, tous les jours, des fruits et légumes aux couleurs variées et éclatantes. L'enfance est la meilleure époque de la vie pour accumuler des réserves de nutriments protecteurs, il n'est en fait jamais trop tôt.

La couleur des aliments

VERT	ROUGE	ORANGE/JAUNE	VIOLET/BLEU	BLANC
asperges	*cerises*	*abricots*	*aubergine*	*champignons*
avocat	*fraises*	*carottes*	*betteraves*	*chou-fleur*
brocoli	*framboises*	*citron*	*bleuets (myrtilles)*	*oignons*
chou	*goyave*	*citrouille*	*cassis*	*pommes*
chou vert frisé	*haricots à la sauce tomate*	*courge*	*mûres*	*pommes de terre*
choux de Bruxelles	*pamplemousse rouge/rose*	*fruit de la passion*	*prunes*	
cresson	*papayes*	*mandarines*	*pruneaux*	
épinards	*pastèque*	*mangue*	*raisin*	
fèves	*poivron rouge*	*melon*		
laitue romaine	*prunes*	*navets*		
petits pois	*raisins*	*oranges*		
(y compris les pois mange-tout)	*tomates*	*pêche*		
		patates douces		

Les superaliments par couleur

Afin de s'assurer que les enfants mangent tous les superaliments dont ils ont besoin, il suffit de consulter la liste des fruits et légumes présentée à la page 10, pour planifier des menus hauts en couleur. Rouges comme les camions de pompier, jaunes comme le soleil, vert émeraude, violets riches, les couleurs lumineuses des fruits et légumes ne sont pas seulement un festin pour les yeux, mais aussi des trésors de nutriments sains. Bien enfouie dans ces tomates, ces épinards, ces oranges et ces cerises, se trouve une gamme complète de nutriments végétaux qui réduisent le risque d'être atteint de cancer ou de maladie du cœur. En règle générale, plus un aliment est coloré, plus il est nutritif. Ainsi, les épinards sont plus nutritifs que la laitue, l'orange riche d'une patate douce contient plus de nutriments que la pomme de terre, et il est préférable de manger un pamplemousse rose plutôt qu'un pamplemousse ordinaire. Il est important d'inclure une grande diversité de couleurs pour que l'alimentation soit équilibrée.

Vert

Ils sont riches en vitamines A, C et E, des antioxydants qui protègent les cellules du corps et augmentent nos chances de vivre plus longtemps et en meilleure santé. Les légumes verts à feuilles sont également riches en fer. La couleur verte provient de la chlorophylle que la plante utilise pour transformer la lumière du soleil en énergie. Des études montrent que manger du brocoli de façon régulière réduit les risques d'être atteint de cancer. Ce légume constitue également une bonne source de glucosinolates qui libèrent certaines substances anticancéreuses et stimulent ainsi le mécanisme de défense naturelle du corps.

Rouge

Le lycopène est un pigment naturel qui donne sa couleur rouge aux tomates, aux pamplemousses rouges et aux pastèques. C'est aussi l'un des plus puissants caroténoïdes aux propriétés anticancérigènes. Il permet de se prémunir contre le cancer de la prostate et contre celui du col de l'utérus. On trouve également des caroténoïdes dans les carottes, les légumes vert foncé, les poivrons rouges, les patates douces, les pêches, les abricots (secs et frais), les mangues, les melons et les papayes.

> **Manger mieux :** *les diététiciens insistent depuis très longtemps sur l'importance de manger des fruits et des légumes frais, et sur leurs bienfaits. Le corps assimile toutefois mieux le lycopène si les tomates ont été transformées ou cuites dans un peu d'huile, comme dans la soupe de tomates ou la sauce à la tomate pour les pâtes. Et, bonne nouvelle, même le ketchup est une bonne source de lycopène.*

D'autres études montrent que les hommes dont les graisses renferment un taux de lycopène très élevé courent deux fois moins de risques d'avoir une crise cardiaque. Le lycopène que nous absorbons provient surtout des tomates. Il existe toutefois d'autres bonnes sources de lycopène : la pastèque, la goyave et le pamplemousse rose. Le corps ne produit pas de lycopène, il faut donc l'intégrer à notre alimentation.

Orange et jaune

Les fruits et légumes jaunes et orange sont riches en bêtacarotène, la forme végétale de la vitamine A. La vitamine A améliore la vision nocturne ; pendant la Seconde Guerre mondiale, le bruit courait que les pilotes de chasse mangeaient essentiellement des carottes pour mieux voir dans l'obscurité. Le bêtacarotène protège également contre le cancer et stimule le système immunitaire, nous mettant ainsi à l'abri du rhume et de la grippe. Les agrumes représentent une bonne source de vitamine C, importante pour la croissance, une peau en bonne santé, la cicatrisation des plaies et pour une meilleure assimilation du fer.

Violet ou bleu foncé

Les aliments violets renferment beaucoup de vitamine C et d'antioxydants tels que les bioflavonoïdes et les acides ellagiques, qui stimulent la résistance immunitaire et nous mettent à l'abri du cancer. Le raisin contient notamment de l'acide ellagique. La peau du raisin renferme également une substance qui réduit le taux de cholestérol et empêche les graisses dans le sang de s'agglutiner. C'est la raison pour laquelle on estime aujourd'hui qu'un verre de vin permet de réduire le taux de cholestérol.

La betterave est particulièrement riche en fer et en magnésium. Par ailleurs, le pigment anthocyane (du grec signifiant «fleur bleu foncé») a de puissantes propriétés anticancérigènes. Les bleuets (myrtilles) contiennent des taux très élevés d'antioxydants en raison justement du taux très élevé d'anthocyane dans leur peau.

Blanc

L'ail, les oignons et les poireaux contiennent des organosulfures qui stimulent le système immunitaire et permettent de lutter contre le cancer. Les organosulfures sont des antioxydants. L'ail est riche en allicine, un agent antibiotique et antiviral.

Équilibre alimentaire

Pour bien grandir et être en santé, l'alimentation des enfants doit être équilibrée. La pyramide du guide alimentaire à la page suivante permet de voir en clin d'œil les différentes propriétés de chacun des groupes alimentaires qui constituent un régime équilibré. Dès l'âge de cinq ans, les enfants devraient s'efforcer d'atteindre cet équilibre. Ce guide se présente sous forme de pyramide pour bien indiquer le nombre de portions. Les aliments qui sont à la base de la pyramide devraient composer la partie la plus importante du régime alimentaire de l'enfant, et plus la pyramide se rétrécit vers le haut, plus les portions des aliments qui y sont présentés devraient être petites. Les aliments au sommet de la pyramide devraient être consommés en quantité modérée. Les enfants de moins de cinq ans devraient manger davantage de matières grasses et moins de fibres en raison de leurs besoins énergétiques élevés.

Le saviez-vous? *Les pommes de terre ne devraient pas entrer dans la catégorie des légumes. D'un point de vue nutritif, la pomme de terre est en réalité un féculent, de même que le pain et les céréales. Votre enfant devrait donc manger 5 portions de fruits et légumes en plus des pommes de terre.*

Manger mieux : *les suppléments vitaminiques n'apportent qu'une proportion minime des bienfaits nutritifs que l'on trouve dans les fruits et légumes.*

Les glucides

Ce groupe alimentaire devrait composer la plus grande partie du régime alimentaire de l'enfant. Le pain, les céréales, le riz et les pâtes constituent la principale source d'énergie du corps, sans compter qu'ils sont riches en vitamines, en minéraux et en fibres. Les céréales et le pain entiers (complets) sont également riches en fer. Les enfants devraient consommer environ cinq portions de glucides chaque jour.

Exemples d'une portion de glucides
- une tranche de pain
- une petite portion de riz ou de pâtes
- un petit bol de céréales

Il vaut mieux choisir des glucides naturels plutôt que des glucides raffinés (voir page 19), tels que le riz et le pain entiers (complets), les légumineuses et les fruits. Ces aliments libèrent lentement le sucre dans le sang, permettant ainsi une énergie de longue durée. Les glucides non raffinés sont également une bonne source de vitamines, de minéraux et de fibres. Les glucides raffinés comme le pain blanc ou le riz blanc ont perdu la plupart de leurs précieux nutriments au cours de leur transformation. Ils offrent certes une bonne source d'énergie, mais efforcez-vous d'ajouter à l'alimentation de votre enfant une bonne portion de glucides naturels non raffinés.

Les fruits et les légumes

Il est très important de manger des fruits et des légumes parce qu'ils contiennent des phytonutriments, vitamines et minéraux, qui permettent de se protéger contre le cancer et les maladies du cœur (voir *La couleur des aliments*, page 10). Ils constituent également une bonne source de fibres. Différents fruits et légumes contiennent différentes vitamines, il est donc important de diversifier les repas autant que possible. Les légumes, surtout les légumes-racines, fournissent des glucides, nécessaires à l'énergie. Pour qu'un enfant de trois ans consomme les cinq portions recommandées (voir page 13), on peut lui offrir une mandarine, la moitié d'une pomme, quatre abricots secs, une cuillère à soupe de petits pois et une tomate au cours de la journée.

Les produits laitiers

Ils fournissent des protéines, des vitamines et des minéraux; ce sont les meilleures sources de calcium, un minéral important pour être en santé et pour la formation des os et des dents. Au cours de la première année qui suit sa naissance, le lait constitue une composante essentielle du régime alimentaire du bébé. Les enfants âgés de un à cinq ans devraient boire environ 600 ml (2 1/2 tasses) de lait par jour ou l'équivalent pour les autres produits laitiers. Ils devraient consommer trois portions de lait ou autres produits laitiers tous les jours; par exemple, un verre de lait, un yogourt ou un morceau de fromage de 30 g (1 oz).

Les protéines

La viande, la volaille, le poisson, les légumineuses, les œufs et les noix constituent une bonne source de protéines, importantes pour la croissance, l'entretien et la réparation des tissus de l'organisme (voir *Les aliments de croissance*, page 17). Une carence en protéines réduit la capacité du corps à résister aux infections. Par ailleurs, la viande, la volaille et le poisson fournissent de la vitamine B, du fer et du zinc.

Une fois que votre bébé commence à manger trois repas par jour, assurez-vous qu'il y a des protéines dans deux de ces repas. Il n'est pas toujours nécessaire d'offrir de la viande ou du poisson, on peut présenter des produits laitiers ou des légumineuses accompagnés de céréales; par exemple, des haricots au four sur une tranche de pain grillé. Idéalement, chaque semaine, les enfants devraient manger de la viande ou du poulet trois à quatre fois, et deux portions ou plus de poisson dont une de poisson gras, du thon, des sardines ou du saumon. Les protéines sous forme d'œufs ou de fromage sont recommandées pour le petit-déjeuner.

Les matières grasses et les glucides raffinés

Les enfants ont besoin de plus de matières grasses que les adultes. Au cours de leurs deux premières années, il faut leur donner du lait, du fromage et du yogourt riches en matières grasses. Jusqu'à 12 mois, les enfants devraient obtenir 50 % de leur énergie des matières grasses (le lait maternel contient 50 % de matières grasses). Elles constituent une source concentrée d'énergie – les acides gras étant essentiels au développement des tissus du cerveau et des yeux (voir page 17) – et elles renferment les vitamines A, D, E et K, liposolubles.

Vous devriez vous assurer que le régime alimentaire de votre enfant inclut suffisamment de matières grasses, tout en vous efforçant d'encourager une alimentation saine en choisissant des viandes maigres et en réduisant le nombre d'aliments frits consommés. Le lait et le fromage sont de bonnes sources de matières grasses, riches en calcium, en protéines et en vitamines. Les matières grasses ne devraient pas composer plus de 30 % de l'apport calorique des adultes et des enfants de plus de cinq ans; il faut donc réduire la consommation d'aliments vides et d'aliments transformés comme les biscuits et les gâteaux.

Les vitamines et les minéraux

Il est impossible de battre la nature sur son propre terrain. Les suppléments de vitamines et de minéraux ne remplaceront jamais tous les éléments nutritifs que renferment les aliments. La liste ci-dessous indique les principaux minéraux et vitamines essentiels aux enfants.

Les vitamines

Essentielles à la santé du corps, elles sont soit hydrosolubles (vitamines B et C), soit liposolubles (A, D, E et K). Les vitamines hydrosolubles, à l'exception de la vitamine B12, ne peuvent pas être emmagasinées par l'organisme; il est donc important de manger régulièrement des aliments qui en contiennent. Ces vitamines ne résistent pas à la chaleur et se dissolvent dans l'eau; par conséquent, il ne faut pas trop cuire les aliments qui en renferment. Les vitamines liposolubles peuvent être emmagasinées par le corps, mais des quantités excessives risquent de s'accumuler et de devenir toxiques. Cela ne devrait pas se produire si le régime alimentaire est équilibré, mais méfiez-vous toutefois des suppléments.

La vitamine A : appelée aussi rétinol, elle se trouve seulement dans les aliments d'origine animale, mais les fruits et les légumes contiennent des caroténoïdes que le corps convertit en vitamine A. Importante pour la croissance, pour la prévention des infections du nez, de la gorge et des

La pyramide alimentaire

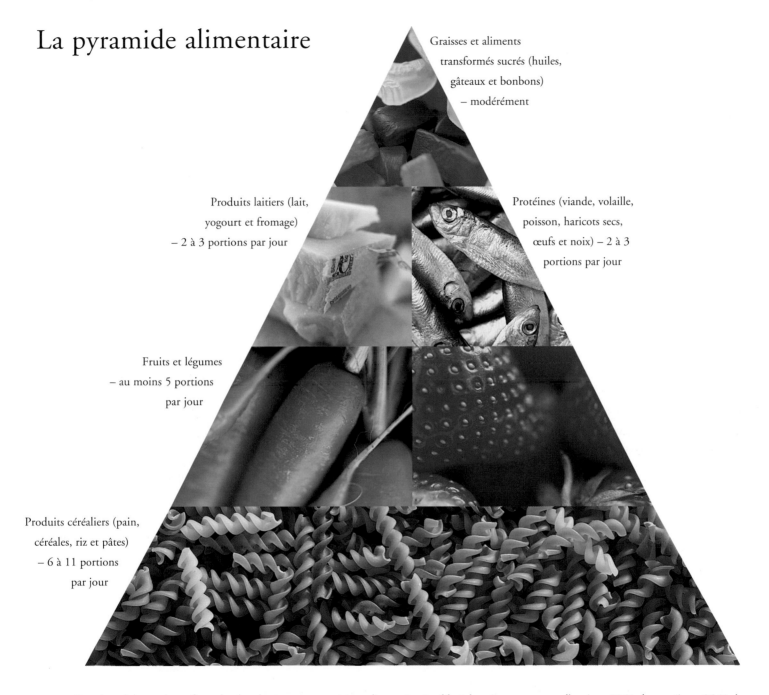

Graisses et aliments transformés sucrés (huiles, gâteaux et bonbons) – modérément

Produits laitiers (lait, yogourt et fromage) – 2 à 3 portions par jour

Protéines (viande, volaille, poisson, haricots secs, œufs et noix) – 2 à 3 portions par jour

Fruits et légumes – au moins 5 portions par jour

Produits céréaliers (pain, céréales, riz et pâtes) – 6 à 11 portions par jour

Pour les adultes et les enfants de plus de cinq ans, un régime alimentaire équilibré devrait se composer d'environ 20 % de protéines, 35 % de matières grasses et 45 % de produits céréaliers. Pour les enfants de moins de cinq ans, le régime alimentaire doit inclure davantage de matières grasses et moins de fibres, mais à mesure qu'ils grandissent, leur régime correspondra peu à peu au régime alimentaire d'un adulte.

poumons, pour une belle peau et une bonne vision nocturne, la vitamine A se trouve dans le foie, les poissons gras, le lait et le fromage riches en matières grasses, le beurre, la margarine et le jaune d'œuf.

Les vitamines du complexe B : importantes pour la croissance et le développement d'un système nerveux sain, elles sont essentielles à la transformation de la nourriture en énergie. Aucun aliment, à l'exception du foie et de l'extrait de levure de bière, ne renferme toutes les vitamines du complexe B. On en trouve dans la viande, les produits laitiers, les œufs, les sardines, les légumes à feuilles vert foncé, les céréales complètes, le tofu, les noix, l'extrait de levure (qui n'est pas recommandé aux nourrissons en raison de sa teneur élevée en sodium), et les bananes.

La vitamine C : le corps ne peut pas produire cette vitamine, essentielle à la croissance, à la réparation des tissus, à une belle peau et à la cicatrisation des plaies. Elle permet également à l'organisme d'assimiler le fer et est un antioxydant puissant. On en trouve dans les agrumes, les fraises, les kiwis, le cassis, les poivrons doux, le brocoli et les légumes à feuilles vert foncé.

La vitamine D : on la trouve dans peu d'aliments, cette vitamine est surtout fabriquée par la peau exposée au soleil. C'est la raison pour laquelle les jeunes enfants devraient aller dehors tous les jours. Elle est nécessaire à l'assimilation du calcium et du phosphore pour la santé des os et des dents, et pour éviter le rachitisme. On en trouve dans les poissons gras, le thon, les sardines et le saumon, dans le lait et les produits laitiers, dans les œufs et la margarine.

La vitamine E : essentielle pour développer et maintenir des cellules saines, pour se protéger contre les maladies du cœur, pour le bon fonctionnement du système nerveux, elle joue un rôle important dans la santé du système immunitaire. On en trouve dans l'huile végétale, le germe de blé, les avocats, les noix et les graines.

Suppléments vitaminiques : *Les autorités de santé publique recommandent généralement de donner des suppléments de vitamines A, C et D à votre enfant dès l'âge de six mois si vous l'allaitez ou si la quantité de lait maternisé qu'il consomme est inférieure à 500 ml (2 tasses) par jour. Informez-vous auprès de votre centre de soins de santé ou auprès de votre pédiatre.*

Les minéraux

Les aliments contiennent beaucoup de minéraux dont les plus importants sont le fer et le zinc. Le sélénium et le cuivre sont également importants puisqu'ils sont tous les deux des antioxydants, autrement dit, ils protègent les cellules des lésions causées par les radicaux libres (voir page 10). Les céréales complètes, les noix, la viande, la volaille et le poisson sont de bonnes sources de sélénium ; les pâtes, les céréales et le pain entier (complet), les fruits secs, le tofu, les légumineuses, les noix et les graines sont de bonnes sources de cuivre.

Le fer : dans les pays occidentaux, la carence en fer est l'une des déficiences nutritionnelles les plus fréquentes. À sa naissance, le bébé bénéficie d'une quantité de fer qui durera environ six mois. Lorsque ses réserves de fer s'épuisent, il doit obtenir de son alimentation une quantité suffisante de fer. Il y a plusieurs types de fer, mais le meilleur se trouve dans la viande car il est plus facilement absorbé par le corps. Les sources végétales de fer sont plus difficiles à absorber, et le troisième type, celui que les fabricants ajoutent aux céréales, est encore plus difficile à assimiler. Cela étant dit, le fer est mieux assimilé si des aliments ou des boissons contenant de la vitamine C sont consommés au cours du même repas. Présentez donc à vos enfants des fruits frais, par exemple des kiwis, des agrumes ou des petits fruits au dessert ou encore un petit verre de pur jus de fruit. Le matin, un bon petit-déjeuner serait composé de céréales enrichies de fer, suivies de kiwis et de fraises.

Le zinc : en général, la viande rouge foncé a une teneur plus élevée en zinc que la viande blanche ; la teneur en zinc du poisson est plus faible que celle de la viande. Les céréales sont une bonne source de zinc, mais puisque le minéral se trouve principalement dans l'enveloppe de la céréale, plus les céréales sont raffinées, moins elles en contiennent. La viande rouge, le pain entier (complet), le cheddar, les lentilles, les crustacés, les graines de citrouille et les céréales enrichies sont de bonnes sources de zinc.

Les aliments de croissance

Les protéines sont l'élément constitutif de toutes les cellules ; elles doivent, par conséquent, faire partie intégrante d'un régime alimentaire équilibré. Étant donné que les enfants grandissent très rapidement, leurs besoins protéiniques sont plus élevés que ceux des adultes. Les protéines sont non seulement importantes pour la croissance, mais elles sont cruciales dans la réparation des tissus du corps qui ont subi des lésions. Il est rassurant de constater que, dans les pays occidentaux, il n'y a pas de problèmes de carence protéinique ; en fait, nous en consommons bien plus qu'il n'en faut.

Les protéines se composent d'acides aminés ; le corps peut en fabriquer certains, et les aliments peuvent en fournir d'autres. Les protéines animales renferment tous les acides aminés dont le corps a besoin, alors que le seul aliment d'origine végétale dans lequel on les retrouve est le soja. Afin de fournir des protéines complètes, les légumineuses et les céréales doivent être combinées, par exemple, des haricots au four sur une tranche de pain grillé ou encore des lentilles et du riz. La viande rouge, la volaille, le poisson, les œufs, le lait, le fromage, les céréales, les légumineuses et le tofu sont de bonnes sources de protéines.

Les matières grasses et les huiles

Les matières grasses et les huiles sont considées comme des aliments de croissance, non pas en raison des propriétés des acides gras, mais en raison de leur teneur élevée en calories car elles renferment une concentration pure d'énergie. Pour répondre aux besoins en énergie élevés d'un nourrisson ou d'un enfant en pleine croissance, son régime alimentaire doit inclure des quantités appropriées de matières grasses.

Les bébés et les jeunes enfants ont davantage besoin de matières grasses que les adultes ; ne vous inquiétez donc pas de déposer sur une pomme de terre un bon morceau de beurre ni de préparer une sauce bien crémeuse et riche pour les pâtes.

··

Le saviez-vous ? *Des travaux de recherche laissent entendre qu'une alimentation riche en acides gras oméga-3 et oméga-6 améliore le rendement des enfants qui souffrent de troubles déficitaires de l'attention, d'hyperactivité ou de dyspraxie.*

Les aliments nécessaires à une bonne activité cérébrale

Les œufs sont riches en choline, une vitamine B, importante pour la mémoire. De nombreux facteurs entrent en jeu dans le développement du cerveau, mais aucune recherche scientifique n'a prouvé qu'il y ait un lien entre le développement du cerveau et certains aliments particuliers. Néanmoins, une alimentation équilibrée et variée ainsi qu'un bon petit-déjeuner garantissent la présence de tous les facteurs importants pour le développement du cerveau. Il y a cependant des aliments qui sont meilleurs que d'autres pour ce qui est de la stimulation des cellules nerveuses.

Les féculents naturels

Bien qu'il ne pèse que 2 % du poids corporel total, le cerveau utilise environ 20 % de toute l'énergie du corps au repos. Les réserves d'énergie du cerveau sont limitées ; donc, pour bien fonctionner, il a besoin de carburant ou de sucre provenant des glucides. Lorsque le taux de sucre dans le sang n'est pas stable, le comportement et l'apprentissage deviennent imprévisibles. Les glucides complexes, qui contiennent des féculents naturels, sont les meilleurs aliments pour le garder stable (voir page 19) ; il faut également fournir au cerveau, à intervalles réguliers, du carburant sous forme, par exemple, de gruau, de céréales complètes, de riz brun et de patates douces.

Le fer

Les aliments riches en fer réduisent les risques d'anémie, un trouble qui provoque la fatigue, la diminution de la vivacité d'esprit, un QI faible et une apathie générale. Le fer est aussi important pour transporter l'oxygène de l'hémoglobine des globules rouges vers tous les organes du corps, y compris le cerveau. Le fer est donc une composante primordiale du bon fonctionnement du cerveau. La viande rouge, le foie, les fruits secs et les céréales enrichies de fer comme les Weetabix ont une teneur élevée en fer.

Les acides gras

Au cours des 12 premiers mois de sa vie, le cerveau d'un bébé se développe à une très grande vitesse. À un an, la taille de son cerveau aura triplé. Les acides gras sont une composante essentielle du cerveau, c'est la raison pour laquelle la moitié des calories du lait maternel est constituée d'acides gras.

Les poissons gras, le saumon, le maquereau, le thon et les sardines stimulent efficacement le cerveau, en raison de leur teneur élevée en acides gras essentiels oméga-3 qui optimisent l'interaction des cellules nerveuses du cerveau. Un apport satisfaisant en acides gras est très important pour le bon fonctionnement du cerveau d'un enfant et peut même améliorer les problèmes de dyslexie et d'hyperactivité. Il y a deux types d'acides gras importants pour le développement du cerveau et des yeux : l'acide alpha-linolénique (oméga-3) et l'acide linolénique (oméga-6).

L'huile de lin, l'huile de noix, le saumon, le thon, la truite et les sardines sont de bonnes sources d'acides oméga-3. L'huile de carthame, l'huile de pépins de raisin, l'huile de tournesol et la margarine légèrement polyinsaturée sont de bonnes sources d'acides oméga-6. Certains aliments vendus dans le commerce sont enrichis d'huiles oméga-3.

Les aliments énergisants

Les aliments contenant des glucides sont les principaux fournisseurs d'énergie. Il y a deux types de glucides : les simples (les sucres) et les complexes (les féculents). Chacun de ces types se trouve sous forme naturelle et sous forme raffinée.

- Les sucres naturels se trouvent dans les fruits et les jus de fruits.
- Les sucres raffinés, y compris le sucre blanc, la cassonade et le miel, se trouvent dans les gâteaux, les biscuits, les confitures et les boissons gazeuses.
- Les féculents naturels se trouvent dans les céréales entières (complètes), la farine et le pain entier (complets), le riz brun, les pommes de terre, le gruau, les lentilles, les bananes et les légumes-racines.
- Les féculents raffinés se trouvent dans le pain blanc, la farine blanche, les céréales transformées, le riz blanc, les pâtes blanches, les biscuits et les gâteaux.

Tous les glucides que le corps reçoit doivent être digérés et convertis en glucose, une forme de sucre. Les glucides naturels fournissent la meilleure

Manger mieux : *il est recommandé de laver les fruits, mais de garder la peau puisqu'elle renferme beaucoup de nutriments.*

Manger mieux : *si votre enfant se prépare à faire des activités sportives, il vaut mieux lui présenter un repas à base d'aliments qui libèrent lentement le sucre dans le sang, comme du riz brun, des pâtes ou des céréales complètes, des légumes et des fruits. Pour les collations, prévoyez un sandwich au pain complet et beurre d'arachide ou une banane. Incitez-le à boire de l'eau ou du jus de fruits plutôt qu'une boisson gazeuse, qui pourrait provoquer une baisse du taux de sucre dans le sang, et donc, un état de fatigue. Après des activités physiques, surtout quand il fait très chaud, n'attendez pas que votre enfant ait soif pour lui donner quelque chose à boire. Il risque d'ailleurs d'être déjà déshydraté.*

source d'énergie puisqu'en libérant lentement le sucre dans le sang, ils en stabilisent le taux, prolongeant ainsi le niveau d'énergie. Les glucides naturels conservent, par ailleurs, leurs vitamines, leurs minéraux et leurs fibres ; il est donc recommandé d'inclure dans un repas des aliments complet, du riz brun ou du pain complet.

Les féculents, les pommes de terre, le riz, les pâtes ou le pain, fournissent de l'énergie plus lentement que les aliments sucrés. Le corps absorbe rapidement les sucres raffinés, le niveau d'énergie augmente alors très rapidement pendant un court laps de temps. Dans ce cas-là, le pancréas produit trop d'insuline parce qu'il essaie de décomposer les sucres, ce qui provoque une perte rapide d'énergie. Les sucres contenus dans les fruits fournissent rapidement de l'énergie, mais sans que celle-ci connaisse de fortes fluctuations, en raison des fibres qui ralentissent l'absorption des sucres.

La consommation d'aliments et de boissons à teneur élevée en sucre, comme les biscuits, les gâteaux et les boissons gazeuses, provoque une augmentation rapide du taux de sucre dans le sang, ce qui pousse le corps à vouloir trop en faire ; très vite, le taux de sucre dans le sang diminue, résultant en une baisse du niveau d'énergie physique et intellectuelle. Pour maintenir un bon niveau d'énergie, il vaut mieux choisir des fruits frais, des noix et des graines, des galettes de riz ou des sandwichs nutritifs faits avec du pain complet. Ainsi, le niveau d'énergie et la concentration se stabiliseront et dureront plus longtemps.

Une bonne alimentation végétarienne

De plus en plus de familles choisissent de devenir végétariennes ; il est vrai qu'une alimentation végétarienne équilibrée est très saine. Il est cependant important de remplacer les protéines, le fer, le zinc et les quelques vitamines B contenus dans la viande.

L'alimentation des enfants et des adultes ne respecte pas nécessairement les mêmes principes directeurs, et si une alimentation végétarienne composée en majeure partie de fibres volumineuses convient aux adultes, elle n'est pas adaptée aux jeunes enfants puisque les fibres remplacent les aliments à forte teneur en énergie, comme les matières grasses et les glucides. Par ailleurs, une alimentation riche en fibres peut bloquer l'absorption de minéraux tels le zinc, le fer et le calcium ; elles sont volumineuses et bourratives, ce qui peut provoquer la diarrhée chez les très jeunes enfants.

L'alimentation végétarienne du nourrisson, si elle est composée en majeure partie de lait maternel ou de lait maternisé, peut lui fournir tous les nutriments dont il a besoin.

L'importance des protéines

Les protéines fournissent à l'enfant les acides aminés, substances chimiques constitutives du corps. Quoique toutes les protéines animales, y compris les œufs et les produits laitiers, fournissent des protéines de qualité supérieure comprenant tous les acides aminés essentiels, il n'en reste pas moins que la qualité des protéines végétales, celles des céréales et des légumes (p. ex. les petits pois, les haricots, les lentilles, les noix et les graines) est inférieure. Le soja est le seul aliment d'origine végétale qui contient tous les acides aminés.

Pour vous assurer que votre enfant consomme des protéines de qualité supérieure à chaque repas, essayez d'associer un aliment céréalier – des pâtes, du pain ou du riz – à des œufs, des produits laitiers, des légumineuses ou encore des noix. Exemples de bons repas : des haricots au four sur une tranche de pain grillé, une soupe aux lentilles accompagnée d'un petit pain au blé complet, un sandwich au beurre d'arachide, une pomme de terre au four avec du fromage et du lait, des pâtes à la sauce au fromage. Les œufs, le lait, le fromage, le yogourt, le soja, les haricots, les lentilles, les noix et les graines sont de bons aliments de base d'un régime végétarien.

Exemples de bonnes associations protéiniques
- un aliment céréalier, des pâtes, du pain ou du riz, avec des œufs, du fromage, des légumineuses ou des noix
- des haricots au four sur une tranche de pain grillé
- une pomme de terre au four avec du fromage et du lait
- des pâtes dans une sauce au fromage

L'importance du fer

Il faut s'assurer que les enfants dont le régime alimentaire est végétarien reçoivent suffisamment de fer (voir page 17). Les céréales enrichies de fer, le jaune d'œuf, le pain entier (complet), les haricots et les lentilles, les légumes à feuilles vert foncé et les fruits secs, particulièrement les abricots et les pêches, constituent de bonnes sources de fer. Le fer est plus facilement assimilé par le corps s'il est combiné à la vitamine C ; offrez donc un aliment ou une boisson à teneur élevée en vitamine C à chaque repas.

L'importance du calcium

Le calcium est important pour la santé et la formation des os et des dents ; le lait maternel ou le lait maternisé contient tout le calcium dont le bébé a besoin. Il est recommandé que le premier aliment solide du bébé soit du lait de vache ou un produit laitier (voir page 28, 68 et 92). Parmi les autres bonnes sources végétales de calcium, on trouve le tofu (enrichi de calcium), les figues et les abricots secs, les noix, les graines de sésame, les trempettes aux pois chiches, les sardines en conserve et le lait de soja enrichi.

Les vitamines B

La vitamine B12 est essentielle pour la croissance et la division des cellules. On ne la trouve que dans les aliments d'origine animale comme la viande, la volaille, le poisson, les œufs et les produits laitiers. Certaines céréales sont également enrichies de vitamine B12 ; l'extrait de levure en contient aussi. Les végétariens peuvent obtenir une quantité suffisante de vitamine B12 en consommant des œufs et des produits laitiers.

L'alimentation végétalienne

Si vous prévoyez vous conformer à une alimentation végétalienne, il est recommandé de planifier soigneusement les repas de votre enfant en collaboration avec un diététicien pédiatre.

L'épicerie

Conformément à la loi, tous les aliments et ingrédients doivent être salubres. Lorsqu'un ingrédient est précédé de la lettre E (généralement en Europe), cela signifie que les autorités en ont permis l'utilisation et qu'il a été testé.

Certains agents conservateurs peuvent toutefois provoquer des problèmes, dans de rares cas, chez les jeunes enfants qui y sont sensibles, tels que ceux-ci qui se trouvent fréquemment dans les aliments vides destinés aux enfants :

Tartrazine	E102	colorant alimentaire jaune
Jaune soleil	E110	colorant alimentaire jaune orange
Carmoisine	E122	colorant alimentaire rouge
Cochenille	E124	colorant alimentaire rouge
Benzoate de sodium	E211	agent conservateur

Certains organismes indiquent que certains de ces agents pourraient provoquer l'hyperactivité chez les enfants ; cependant, les industriels ne sont pas tenus, du moins au Canada, d'indiquer exactement la nature du colorant ou du conservateur utilisé.

Les ingrédients sont listés selon leur poids, par ordre décroissant. Essayez de choisir des aliments faibles en sucre, en sel et en graisses saturées, et évitez les aliments qui contiennent trop d'agents colorants et d'arômes artificiels.

Guide des quantités :

Pour 100 g d'aliments	très élevée	peu élevée
SUCRE	10 g	2 g
MATIÈRES GRASSES	20 g	3 g
GRAISSES SATURÉES	5 g	1 g
FIBRE	3 g	0.5 g
SODIUM	0.5 g	0.1 g

Les matières grasses et les fibres

Les enfants ont davantage besoin que les adultes d'un régime à forte teneur en nutriments, qui comprend plus de matières grasses et moins de fibres. À partir de l'âge de deux ans toutefois, les enfants devraient progressivement s'alimenter comme les adultes (voir la pyramide alimentaire à la page 15). Lorsqu'on lit les emballages, il est utile de vérifier que les graisses saturées ne représentent qu'une petite partie de la quantité totale de matières grasses. Il y a deux principales formes de matières grasses : les graisses saturées d'origine animale, p. ex. le beurre, le saindoux et les graisses des viandes et des produits laitiers ; et les graisses non saturées comme l'huile végétale. En règle générale, les graisses végétales sont plus saines que les graisses animales à l'exception des graisses d'origine marine comme celles du saumon et des sardines.

Le sel

Trop de sel dans l'alimentation peut causer l'hypertension artérielle, qui peut, à son tour, provoquer un accident vasculaire cérébral, une insuffisance coronaire ou une rénopathie. Il est donc souhaitable de s'habituer à consommer moins de sel. Essayez de ne pas trop ajouter de sel lorsque vous cuisinez et évitez de poser une salière sur la table.

On ne devrait pas ajouter de sel à l'alimentation des bébés de moins de 12 mois puisque leurs reins ne sont pas suffisamment développés pour l'assimiler. Les jeunes enfants (d'un à trois ans) ne devraient pas consommer plus de deux grammes de sel (environ le tiers d'une cuillère à café) par jour ; et ceux de quatre à six ans, pas plus de trois grammes de sel par jour. Les trois quarts du sel que nous consommons proviennent d'aliments transformés comme les nouilles lyophilisées, les saucisses et les hamburgers, les pizzas, les spaghettis en conserve et les croustilles.

Le sucre

Sur les emballages, les glucides sont souvent décomposés en féculents et en sucres. Cinq grammes de sucre correspondent à une cuillère à café. En raison d'un étiquetage inapproprié cependant, il est impossible de connaître la véritable teneur en sucre des aliments sucrés. Méfiez-vous : de nombreux aliments destinés aux enfants comme les céréales et les barres céréalières peuvent se composer de plus de 35 pour cent de sucre.

Le sucre prend plusieurs formes : sucrose, glucose, sirop de maïs, maltose, dextrose, fructose, sirop de glucose, miel et jus de fruits. Les fabricants peuvent dissimuler la quantité de sucre que leur produit contient en utilisant trois différents types de sucre, soit le sucre, le sirop de maïs et le miel, et en indiquant séparément leur quantité. Dans la liste des ingrédients sur un emballage, ceux-ci se retrouvent au bas de la liste, il est donc difficile de comptabiliser la quantité de sucre du produit. L'expression « sans ajout de sucre» est trompeuse parce que le produit peut effectivement contenir du miel, du glucose, du sirop de maïs et du concentré de jus de pomme, des ingrédients nocifs pour les dents de votre enfant.

La plupart des boissons gazeuses contiennent beaucoup de sucre. Une canette peut contenir 35 à 40 g (1 1/4 -1 1/2 oz) de sucre, l'équivalent de huit cuillères à café. Les jus de fruits sans sucre ne devraient pas contenir de sucre ajouté à l'exception des 15 g (1/2 oz) par litre permis aux fabricants. Il existe sur le marché des boîtes de jus de fruits individuelles qui contiennent 25 g (1 oz) de sucre, soit l'équivalent de plus de sept cuillères à café de sucre. Même les sucres de fruits peuvent causer des caries. De la même façon, faites attention aux boissons aux fruits, certaines ne contiennent même pas 5 % de jus de fruits.

Les yogourts et le fromage blanc sont d'excellentes sources de calcium, mais certains peuvent contenir jusqu'à quatre cuillères à café de sucre. Malgré l'image saine qu'ils projettent, de nombreux yogourts contiennent beaucoup de sucre ajouté, des agents épaississants, des colorants et des aromatisants. De la même façon, de nombreuses céréales ciblant les enfants peuvent contenir jusqu'à 50 % de sucre. Il est recommandé que votre enfant commence sa journée en mangeant des céréales traditionnelles comme du gruau ou du muesli, même si on y verse une cuillère de miel ou un peu de sucre.

Les aliments et les boissons pour les bébés et les jeunes enfants ne doivent pas contenir d'édulcorants artificiels; ils sont pourtant inclus, sous le couvert de jargon technique, dans de nombreux aliments destinés aux jeunes enfants : boissons gazeuses, yogourts, sucettes glacées. En faisant vos courses, lisez attentivement la liste des ingrédients, et faites attention à l'acésulfame-k, à l'aspartame, à la saccharine, au sorbitol, qui sont tous, en réalité, des édulcorants artificiels.

Les surgelés

Dans certains cas, les aliments transformés contiennent davantage de nutriments que les aliments naturels. Le meilleur exemple serait celui des fruits et légumes surgelés, qui sont cueillis et surgelés quelques heures après avoir été récoltés, conservant donc tous leurs nutriments. Les fruits et les légumes frais ont peut-être été entreposés trop longtemps avant d'être achetés et utilisés; plus ils restent sur les rayons ou dans les chambres froides, plus leurs nutriments se perdent. Les travaux de recherche montrent que les fruits et les légumes surgelés sont aussi bons, sinon meilleurs que les fruits et les légumes frais.

Manger mieux : *les fabricants ajoutent des vitamines et des minéraux à une foule d'aliments destinés aux enfants, des céréales aux pâtes en conserve sans oublier les sucettes glacées. Il serait faux de croire que le simple fait d'ajouter des vitamines à un aliment malsain le rendra sain, mais force est de constater que pour un grand nombre d'enfants cette source de vitamines, de calcium et de fer est très importante.*

Conservez dans votre congélateur une bonne quantité de fruits et de légumes surgelés : petits pois, épinards, maïs sucré, petits fruits et gros morceaux de pommes de terre cuites au four. Ce sont de bons aliments à avoir en réserve, ils ne moisissent pas, ils sont faciles à préparer et ils ne coûtent pas cher.

Les conserves

La mise en conserve d'aliments consiste à chauffer les aliments à une température suffisamment élevée, à remplacer l'oxygène par des gaz inactifs et à les sceller dans une boîte hermétiquement close pour empêcher toute contamination microbienne. La plupart des conserves ont une durée de vie de 12 mois, elles conservent la plupart des nutriments des aliments, y compris les protéines, les vitamines A et D ainsi que la riboflavine.

Les températures élevées qui entrent dans le processus de la mise en conserve détruisent la vitamine B1 et la vitamine C des légumes et des aliments salés, contrairement aux fruits en conserve et aux jus de fruits qui conservent toutes leurs vitamines. La plupart des aliments acides conservent leur vitamine C, les tomates en conserve sont donc bonnes pour la santé. Méfiez-vous cependant des aliments en saumure, leur teneur en sel est très élevée. Les fruits dans le sirop ont une teneur très élevée en sucre, il vaut donc mieux choisir des fruits dans leur jus naturel.

Les plats cuisinés

Bien que la plupart des plats cuisinés surgelés contiennent beaucoup de sel et de sucre, certains aliments préparés sont utiles à garder sous la main (voir les suggestions à la page suivante).

Aliments préparés à garder en réserve

- sauce à la tomate, de bonne qualité
- soupe fraîche en conserve
- haricots au four
- pizza aux légumes et au fromage
- sauces pour pâtes de bonne qualité
- pain pita et thon pour faire des sandwichs
- thon, saumon et sardines en conserve
- beurre d'arachide
- fruits secs ; p. ex. abricots, figues et pruneaux
- trempettes à l'avocat, à la crème sure (aigre), hoummos
- trempette au fromage à la crème
- noix et raisins secs
- crème glacée de bonne qualité
- petits pois surgelés
- épinards surgelés
- maïs sucré surgelé
- morceaux de pommes de terre cuites au four
- petits fruits surgelés

Les aliments biologiques

Les aliments biologiques pour bébés sont de plus en plus à la mode ; on se préoccupe de plus en plus des conséquences des pesticides et autres produits chimiques agricoles sur la santé. L'agriculture biologique est sans danger pour l'environnement, mais elle entraîne des prix plus élevés ; les parents ne devraient cependant pas croire qu'une alimentation non biologique n'est pas saine. Si on n'inclut pas de fruits et de légumes dans l'alimentation d'un enfant, les conséquences sont bien plus graves que celles liées à une alimentation non biologique. Par ailleurs, il n'y a aucune preuve scientifique que les taux de pesticides dans les fruits et les légumes ordinaires nuisent aux bébés et aux jeunes enfants.

Les aliments biologiques poussent dans un sol qui n'a pas été fertilisé artificiellement et qui n'a pas reçu de pesticides. Les agriculteurs biologiques choisissent de pratiquer la rotation des cultures lorsque c'est possible et d'utiliser des fertilisants naturels. Les animaux sont élevés sans antibiotiques,

sans hormones de croissance ni piqûres contre les vers. On leur permet également de vivre naturellement et agréablement. Il ne faut cependant pas oublier que les pesticides ont été utilisés pendant très longtemps, et qu'ils peuvent donc encore se trouver dans le sol, l'eau et l'air. Il est pratiquement impossible de garantir que les aliments biologiques ne seront pas contaminés par des pesticides en raison des embruns de produits chimiques émanant des exploitations environnantes.

Aucune loi ne stipule que les produits biologiques doivent avoir meilleur goût. Si vous optez pour une alimentation biologique, vous devrez faire des courses deux à trois fois par semaine ; puisqu'il n'y a aucun agent conservateur dans ces aliments, les fruits et les légumes se gâteront plus rapidement.

Les aliments transgéniques, les nouveaux superaliments ?

L'introduction d'aliments génétiquement modifiés soulève beaucoup de controverse. La manipulation génétique représente une nouvelle façon de produire des aliments ; l'ADN d'une espèce est inséré dans celui d'une autre espèce. L'un des avantages de la modification génétique, c'est qu'elle pourrait être utilisée pour améliorer la valeur protéinique du riz, puisqu'il est vrai que l'insuffisance de protéines est l'une des causes majeures de maladies dans les pays en voie de développement.

Contrairement à la production traditionnelle, où les gènes d'une plante ou d'un animal ne peuvent être transférés qu'à un individu de la même espèce ou d'une espèce apparentée, la modification génétique permet le transfert de gènes entre différentes espèces, et possiblement d'une plante à un animal et inversement. Ainsi, des travaux sont en cours pour insérer dans les plantes un mécanisme qui leur permettrait de lutter contre les dommages causés par le gel. On envisage de prendre les gènes du poisson, animal qui survit aux grands froids, et de les injecter dans des plantes.

Consultez attentivement les étiquettes sur les emballages. Au Canada et dans les pays de l'Union européenne, la loi exige que tous les ingrédients qui contiennent des organismes modifiés soient indiqués sur l'étiquette. Par ailleurs, les produits comme la viande ou le lait qui proviennent d'animaux nourris d'AGM doivent être clairement étiquetés en ce sens.

Nombreux sont ceux qui s'inquiètent des conséquences encore inconnues de la consommation d'aliments transgéniques et se demandent dans quelle mesure ils nuisent à l'environnement.

6 mois : les premiers aliments de bébé

Le sevrage de votre bébé est une période

passionnante aussi bien pour lui que pour vous.

C'est une étape très importante que le bébé doit

franchir pour découvrir un nouveau monde

de saveurs et de consistances.

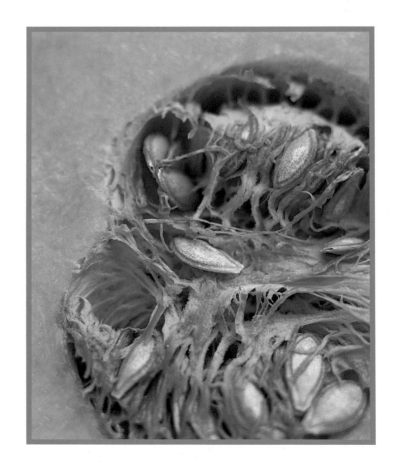

Les bienfaits de l'allaitement

Pendant les six premiers mois de leur vie, le lait fournit aux bébés toute l'énergie et tous les nutriments nécessaires. Le lait maternel contient des protéines particulières appelées anticorps, et des globules blancs qui les protègent contre les infections. Il est également riche en acides gras essentiels oméga-3, importants pour le développement du cerveau. Il a par ailleurs été prouvé que l'allaitement pendant 13 semaines ou plus réduisait les incidences de gastroentérite et d'infections des voies respiratoires. De plus, le lait maternel retarde l'apparition d'allergies et en réduit la gravité chez les enfants de familles qui souffrent d'asthme, de rhume des foins, d'eczéma ou encore d'allergies alimentaires. Le colostrum, le premier lait produit par la maman, est une source importante d'anticorps; il y a donc beaucoup d'avantages à allaiter ne serait-ce que pendant un court laps de temps. Parmi les bienfaits de l'allaitement pour la mère, on trouve le risque réduit d'être atteinte du cancer de l'ovaire et du cancer du sein. De plus, la succion du bébé provoque la contraction de l'utérus, ce qui lui permet de retrouver plus vite sa taille normale.

Manger mieux : *le lait maternisé contient des quantités semblables de nutriments, de minéraux et de vitamines à celles du lait maternel, mais il ne permet pas de lutter aussi efficacement contre les infections que le lait maternel. La quantité de minéraux disponibles dans le lait maternel, comme le fer et le zinc, est très satisfaisante.*

Quelle quantité de lait le bébé doit-il boire ?

Entre l'âge de quatre et six mois, les bébés devraient boire entre 600 et 800 ml (2 1/2 et 3 1/4 tasses) de lait par jour; entre six et douze mois, entre 500 et 800 ml (2 et 3 1/4 tasses) de lait par jour, sous forme de lait maternel ou de lait maternisé. Bien qu'il soit parfaitement acceptable d'utiliser du lait de vache pour cuisiner ou pour les céréales, le lait maternel ou maternisé devrait constituer la principale source de lait de votre bébé, puisqu'il contient des nutriments absents dans le lait de vache, comme le fer et la vitamine C. Ne donnez pas trop d'aliments solides aux

Consommation quotidienne de lait

ÂGE	NOMBRE DE TÉTÉES PAR JOUR
1 à 2 semaines	7 ou 8
2 à 6 semaines	6 ou 7
2 mois	5 ou 6
3 mois	5
6 mois	4

dépens du lait, et évitez de donner des jus de fruits; le seul liquide dont le bébé a besoin, c'est le lait. S'il fait très chaud et que bébé a besoin d'être hydraté, donnez-lui de l'eau qui aura auparavant été bouillie. De plus, les aliments que le bébé mange, tels que les purées, contiennent aussi des liquides.

Quelle sorte de lait ?

Les laits de vache, de chèvre, de brebis, de soja (celui qui n'est pas destiné aux nourrissons), de riz et d'avoine ne constituent pas une bonne source de lait pour le bébé s'il est âgé de moins de 12 mois : ils ne contiennent pas suffisamment de fer ni d'autres nutriments nécessaires à une croissance normale. Le lait de vache entier (complet) peut servir à cuisiner des repas ou à préparer les céréales après l'âge de six mois, mais ne devrait en aucun cas constituer la principale source de lait avant l'âge de un an.

Comme les bébés ont d'importants besoins énergétiques et nutritifs, le lait écrémé ne devrait pas leur être offert avant l'âge de cinq ans en raison de sa faible valeur énergétique. Par contre, si votre enfant mange et grandit bien, vous pouvez lui donner du lait partiellement écrémé à partir de l'âge de deux ans.

Le lait de deuxième âge a une teneur plus élevée en fer, en vitamine D, en protéines et en sodium que le lait maternisé. Seuls les bébés de plus de six mois devraient en consommer. Il n'est pas censé remplacer le lait maternel ni le lait maternisé qui convient aux enfants jusqu'à l'âge de 12 mois. Il faut toutefois remarquer que le lait de deuxième âge est plus nutritif que le lait de vache et qu'il est recommandé en cas de risques de carence en fer. On peut en donner aux enfants jusqu'à l'âge de 24 mois.

Les autres boissons de bébé

La seule autre boisson que vous devriez donner à votre bébé jusqu'à l'âge de six mois, à l'exception du lait maternel ou maternisé, c'est de l'eau. L'eau qui aura auparavant été bouillie et refroidie est meilleure. L'eau minérale en bouteille contient des concentrations élevées de sels minéraux qui ne conviennent pas aux nourrissons. On devrait éviter de l'eau dont le niveau de nitrate, de sulfate et de fluorure est élevé. L'eau gazeuse ne convient pas non plus aux bébés.

Les boissons aux fruits ou aux herbes destinées aux bébés peuvent parfois contenir de grandes quantités de sucre, ce qui risque de causer des caries. Si vous désirez offrir des jus de fruits à votre bébé, essayez de presser vous-même les fruits ou de ne choisir que les jus qui ne contiennent que les sucres naturels des fruits. Le jus d'orange est une bonne source de vitamine C et permet à l'enfant de mieux assimiler le fer. Tous les jus de fruits devraient être dilués : cinq portions d'eau pour une portion de jus, puisque même les sucres naturels des fruits peuvent provoquer des caries. Essayez de réserver les boissons autres que l'eau ou le lait pour les repas ; les boissons aux fruits ou aux herbes coupent l'appétit des jeunes enfants aux dépens des aliments et du lait bien plus nutritifs.

Les premiers aliments solides

Les autorités en santé publique recommandent d'allaiter les bébés pendant au moins les six premiers mois, à l'exclusion de toute autre forme d'alimentation, puisque le lait maternel répond à tous les besoins nutritifs du bébé. Les bébés à qui on donne du lait maternisé ne devraient commencer à manger des aliments solides qu'après l'âge de six mois. Le système digestif et immunitaire d'un bébé n'est pas suffisamment développé avant cet âge, et le risque de souffrir d'allergies alimentaires est également plus élevé.

Quoique le réflexe de la succion soit un réflexe naturel, les bébés doivent apprendre à pousser la nourriture vers l'arrière de la bouche à l'aide de la langue et à avaler. Pour pouvoir manger à la cuillère, le bébé doit se servir de sa langue pour pousser la nourriture vers l'arrière de sa bouche, plutôt que vers l'avant, et apprendre à se servir de ses lèvres pour prendre la nourriture. Jusqu'à présent, il n'a utilisé que ses mâchoires et les muscles de ses joues pour téter ; c'est donc une nouvelle expérience.

Il ne faut jamais s'absenter lorsque le bébé mange des aliments solides, il pourrait s'étouffer (voir page 69 pour savoir ce qu'il faut faire dans ce cas). Si le sevrage est retardé au-delà de l'âge de six mois, certains bébés peuvent éprouver des difficultés à apprendre à avaler et à mâcher.

Signes que votre bébé est prêt pour les aliments solides :

• il a encore faim après avoir tété ;
• il se réveille la nuit et demande à téter ;
• il demande davantage de tétées.

Les meilleurs premiers aliments

Les premiers aliments que vous donnerez à votre bébé doivent être faciles à digérer et ne pas provoquer de réaction allergique. Ne soyez pas tentée d'ajouter du sel ou du sucre au repas du bébé, même s'il vous paraît fade. Le sel peut nuire aux reins du bébé et le sucre l'encouragera à manger des friandises.

Pendant les premières semaines, il n'est pas recommandé de mélanger les aliments, à l'exception des céréales de riz mélangées à une purée de légumes ou de fruits. Le sevrage permet de savoir s'il y a des aliments que votre bébé ne supporte pas bien ; si on mélange les aliments, il devient difficile de savoir quel est l'aliment qui cause un problème.

Premiers légumes : carottes, pommes de terre, navets, panais, citrouille, courges, patates douces (voir pages 36 à 39). Les très jeunes enfants apprécient les légumes-racines, comme les carottes ou les patates douces, en raison de leur goût sucré et de leur consistance onctueuse en purée. Après qu'il a goûté quelques légumes, présentez d'autres légumes au bébé : courgettes, chou-fleur, brocoli et petits pois.

Premiers fruits : pommes, poires, bananes, papayes et avocats (voir pages 40 à 42).

Céréales de riz : mélangées avec de l'eau, du lait maternel ou maternisé, elles se digèrent facilement et leur goût laiteux permet d'amorcer une transition vers les aliments solides. Choisissez des céréales qui ne contiennent pas de sucre. Les céréales de riz se mélangent bien à une purée de fruits ou de légumes.

Aliments à éviter

• **Sel** : on ne devrait pas ajouter de sel dans les repas des bébés de moins de 12 mois, car le sel sollicite les reins qui ne sont pas encore bien développés et provoque la déshydratation. Un goût prononcé pour le sel peut se former à un jeune âge et trop de sel dans l'alimentation risque de causer ultérieurement l'hypertension artérielle. Évitez également les aliments fumés.

• **Sucre** : à moins que les aliments ne soient vraiment acides, n'ajoutez pas de sucre. L'ajout de sucre peut créer une dépendance et accroît le risque de développer des caries.

• **Gluten** : les aliments qui contiennent du gluten, (le blé, l'avoine, l'orge et le seigle, entre autres), ne devraient pas être offertes avant l'âge de six mois. Lorsque vous achetez des céréales et des biscottes pour votre bébé de moins de six mois, assurez-vous qu'elles ne contiennent pas de gluten. Les céréales de riz constituent le meilleur premier aliment solide.

• **Œufs crus ou légèrement cuits** : ne pas donner d'œufs aux bébés de moins de six mois (en raison des risques de salmonellose). Le jaune et le blanc d'œuf doivent être bien cuits.

• **Fromages non pasteurisés** : éviter les fromages non pasteurisés, p. ex. camembert, brie ou Roquefort, avant l'âge de 12 mois en raison des risques d'infection à Listeria.

• **Mollusques et crustacés** : éviter avant l'âge de 12 mois en raison des risques d'intoxication et d'allergies alimentaires.

• **Noix** : les noix entières ou en morceaux ne sont pas recommandées avant l'âge de cinq ans en raison des risques de suffocation. Elles peuvent également provoquer une réaction allergique.

• **Miel** : on ne devrait pas en donner avant l'âge de 12 mois. Le miel peut contenir une bactérie qui peut provoquer une maladie très grave, le botulisme infantile.

Viande : du poulet, de la dinde ou du bœuf en purée dans l'alimentation du bébé sont de bonnes sources de fer. Mélangées à des légumes-racines, leur consistance est plus onctueuse et plus facile à avaler.

Poisson : présentez du poisson blanc tendre, de la plie ou de la morue.

Les heures de repas

Essayez de faire en sorte que les repas de bébé soient un moment privilégié partagé avec lui plutôt qu'une corvée. Choisissez un moment sans distractions ni stress. Si possible, nourrissez votre bébé aux mêmes heures chaque jour pour établir une routine. Les bébés sont habitués à être alimentés régulièrement et de façon ininterrompue ; il sont parfois contrariés de devoir attendre entre les cuillerée. Vous pouvez, dans certains cas, offrir au bébé un peu de lait avant de lui donner des aliments solides, pour qu'il ne soit ni affamé ni trop irrité. Pendant les premiers jours d'une alimentation solide, le bébé ne mangera que de petites quantités, une ou deux cuillerées, de ce que vous lui présenterez. Commencez par lui offrir un repas solide par jour, vers midi, et progressivement, amenez-le à trois repas solides (matin, midi et soir) quand il a environ cinq-six mois (voir les *Menus* aux pages 33 à 35). Vérifiez toujours la température des aliments avant de les offrir à votre bébé. Asseyez-vous, le bébé sur les genoux ou dans sa chaise haute, et détendez-vous, souriez et parlez à votre bébé.

Le refus de manger

Essayez de ne pas vous irriter si votre bébé ne mange pas, et restez calme. Présentez-lui à nouveau des aliments solides deux jours plus tard s'il les a refusés la première fois ou alors, préparez une purée plus liquide pour qu'il l'avale plus facilement. Vous pourriez également mettre un doigt propre dans la purée et permettre au bébé de le lécher, certains bébés n'aiment pas avoir une cuillère dans la bouche. Si votre bébé ne mange pas beaucoup, ne prolongez pas l'heure des repas pour le forcer à manger davantage. Les bébés savent généralement quand ils ont suffisamment mangé.

La préparation des repas de bébé

En préparant vous-même les repas de bébé, vous savez que seuls les meilleurs ingrédients sont utilisés, sans agents conservateurs ni épaississants. Il en coûte également beaucoup moins cher. Il est important de présenter à votre enfant une diversité d'aliments pour que son alimentation soit saine et variée ; vous pouvez aussi associer les aliments comme bon vous semble, pour plaire à votre enfant. Si vous le désirez, vous avez aussi la possibilité de lui offrir des fruits et des légumes biologiques (page 24).

Quantités

Il est difficile de prédire la quantité d'aliments que votre bébé avalera puisque les appétits et les besoins différent d'un bébé à l'autre. Vous découvrirez qu'au début, votre bébé n'acceptera qu'une à deux petites cuillerées de purée; ne préparez donc que de petites portions. À mesure que votre bébé grandit, offrez-lui cinq à six cuillères à soupe de purée; continuez à lui en donner jusqu'à ce qu'il n'en ait plus envie. Tant que votre bébé prend du poids et a beaucoup d'énergie, vous n'avez pas à vous inquiéter, il se développe convenablement. Si l'appétit de votre bébé ne semble jamais assouvi et que vous vous inquiétez de son poids excessif, consultez un médecin.

Consistance des aliments

Au début, les purées doivent être bien liquides. Elles doivent ressembler à des soupes épaisses et n'être composées que d'un ou deux ingrédients. N'utilisez pas l'eau du robinet qui n'a pas été bouillie pour faire les purées; utilisez plutôt l'eau de cuisson des légumes ou celle qui a été utilisée pour la cuisson à la vapeur. On peut liquéfier la purée en ajoutant un peu de liquide ou du lait ou l'épaissir en ajoutant des céréales de riz.

Température des aliments

La bouche d'un bébé est plus sensible que celle d'un adulte; les aliments devraient donc être tièdes ou à la température ambiante. Si vous réchauffez des aliments au micro-ondes, assurez-vous qu'ils sont très chauds, et ensuite, laissez-les refroidir avant de bien remuer. Vérifiez bien leur température avant de les offrir au bébé.

Hygiène

Les très jeunes bébés sont très vulnérables aux conséquences des intoxications alimentaires; veillez donc à entreposer et préparer très soigneusement ses aliments. Le lait chaud est un terrain particulièrement fertile pour les bactéries; lavez et stérilisez méticuleusement les biberons, les tétines et les becs verseurs, pendant les 12 premiers mois et les cuillères de sevrage pendant les neuf premiers mois. Toutefois, quand votre bébé commence à ramper et à mettre toutes sortes d'objets dans sa bouche, il n'y a plus vraiment de raison de tout stériliser à l'exception des biberons et des tétines. Les bols peuvent être mis au lave-vaisselle, mais devraient être essuyés à l'aide d'un torchon propre. Les meilleures façons de stériliser les objets de bébé sont le micro-ondes, le stérilisateur à vapeur ou les solutions ou comprimés stérilisants.

Matériel

Bavoirs : le sevrage est une étape assez salissante, munissez-vous donc de plusieurs bavoirs. Ceux qui comportent des manches protègent bien; ceux qui se nettoient avec un torchon n'ont pas besoin d'être lavés à la machine à laver et ceux qui ont une poche sur le devant conviennent bien aux enfants plus âgés.

Transats : ceux qui soutiennent bien le dos du bébé sont très utiles au cours des premières étapes du sevrage.

Bacs à glace ou petits pots pour congélateur : vous pourrez préparer de grandes quantités de purée à l'avance et les conserver au congélateur; vous ne devrez donc cuisiner qu'une ou deux fois par semaine.

Cuiseur à vapeur : cette cuisson constitue la meilleure façon de conserver les nutriments. Un cuiseur comportant plusieurs paniers permet de cuire simultanément plusieurs aliments.

Bols de sevrage : achetez-en plusieurs, résistants à la chaleur.

Cuillères de sevrage : les gencives des bébés sont sensibles; choisissez une petite cuillère de sevrage en plastique, peu profonde et dont la bordure n'est pas coupante.

Mélangeur manuel électrique (mixeur-plongeur) : facile à laver et idéal pour préparer de petites quantités de purée.

Robot culinaire : idéal pour les grandes quantités de purée à mettre au congélateur. Plusieurs sont vendus avec un petit bol qui convient bien aux plus petites quantités.

Mini-robot culinaire : très utile pour préparer de petites quantités de purée.

Moulin à légumes manuel : idéal pour les aliments dont la peau est dure. Il permet de faire une purée plus onctueuse et empêche que l'enveloppe ou la peau de certains aliments, difficile à digérer, ne se retrouve dans la purée. De plus, les pommes de terre passées au robot culinaire ont tendance à se décomposer en raison de leur teneur en amidon et à devenir collantes et glutineuses, ce qui n'est pas le cas avec un moulin à légumes.

Méthodes de cuisson

Par ébullition: n'utilisez que très peu d'eau, et ne cuisez pas trop les fruits et les légumes. Ajoutez suffisamment de liquide de cuisson pour que la purée soit onctueuse.

Au micro-ondes: coupez les fruits et les légumes en petits morceaux et mettez-les dans un plat allant au micro-ondes. Ajoutez un peu d'eau, couvrez en ne laissant qu'une petite ouverture pour l'aération et chauffez à pleine puissance jusqu'à ce que les aliments soient tendres. Réduisez en purée, mais assurez-vous de bien remuer et de bien vérifier la température avant de servir.

À la vapeur: la meilleure méthode de cuisson pour conserver le goût et les nutriments des aliments. Les vitamines B et C sont hydrosolubles et si on fait trop bouillir les aliments, surtout les fruits et les légumes, elles sont détruites.

Congélation

Si vous préparez de petites quantités de purée, il vous sera difficile de bien mélanger les aliments pour que leur consistance soit onctueuse. Il est donc préférable, et cela prend moins de temps, de préparer de plus grandes quantités de purée, de les mettre dans un bac à glace, en portions individuelles, ou dans un contenant spécialement conçu. Mettez les aliments au congélateur dès qu'ils ont refroidi; ils se conservent au congélateur jusqu'à six semaines.

Décongelez les aliments en les retirant du congélateur quelques heures avant de vous en servir et en les chauffant à feu doux dans une casserole, en les plaçant au micro-ondes. Réchauffez complètement, puis laissez refroidir; vérifiez leur température avant de les servir. Si vous réchauffez les aliments au micro-ondes, n'oubliez pas de bien remuer pour répartir la chaleur.

Ne recongelez jamais des aliments qui ont déjà été congelés, et ne réchauffez jamais les aliments plus d'une fois. Toutefois, les aliments surgelés vendus dans le commerce comme les petits pois peuvent être recongelés une fois qu'ils ont été cuits.

L'importance du fer

Le fer est très important pour le développement physique et intellectuel du bébé. À sa naissance, il a des réserves de fer qui dureront environ six mois. Après, il est important qu'il en obtienne de son alimentation. La carence en fer est la carence nutritive la plus fréquente chez les jeunes enfants. Des recherches ont montré qu'un bébé sur cinq, âgé de 10 à 12 mois, n'en obtenait pas l'apport quotidien recommandé. Une carence en fer provoque la fatigue, le manque d'énergie et la tendance à contracter davantage d'infections. La période de six mois à deux ans est cruciale pour le développement du cerveau du bébé, et une insuffisance de fer dans l'alimentation peut altérer son développement intellectuel.

Comment savoir si l'enfant souffre d'une carence en fer?

Les carences en fer sont très difficiles à détecter. Votre bébé peut vous sembler pâle et fatigué ou il est peut-être davantage enclin à contracter des infections. Les carences en fer peuvent causer l'anémie, qui peut à son tour causer l'irritabilité, le manque d'appétit et altérer la croissance et le développement.

De bonnes sources de fer : *viande rouge, surtout le foie; poulet ou dinde (surtout la viande brune); poisson gras (sardines, saumon et maquereau en conserve, thon frais); légumineuses (lentilles, haricots au four); céréales enrichies de fer; pain; jaune d'œuf; légumes verts (épinards, brocoli); fruits secs (surtout les abricots).*

Conseil *Le fer des aliments d'origine animale comme la viande ou la volaille est mieux assimilé que celui d'aliments d'origine végétale. La vitamine C permet également une meilleure assimilation du fer.*

Les menus

Dans ce chapitre et dans les chapitres suivants, je propose des idées de menus pour vous aider à franchir l'étape du sevrage. Chaque bébé grandit à son propre rythme, il ne s'agit donc que de suggestions; les aliments que l'on peut commencer à offrir au bébé se déclinent de multiples façons.

J'ai essayé de présenter un large éventail de recettes, mais il va de soi que les repas que votre bébé aimera seront repris plusieurs fois. Il n'est pas problématique de lui offrir les mêmes aliments deux jours de suite, et c'est bien plus pratique. Adaptez ces recettes selon les fruits et les légumes qui sont de saison.

Semaines 1 et 2 après le début du sevrage

	MATIN	COLLATION DU MATIN	MIDI	GOÛTER DE L'APRÈS-MIDI	SOIR	NUIT
JOUR 1	*lait maternel ou maternisé*	*lait maternel ou maternisé*	*lait 3 c. à café (à thé) de céréales de riz mélangées à du lait*	*lait maternel ou maternisé*	*lait maternel ou maternisé*	*lait maternel ou maternisé*
JOUR 2	*lait maternel ou maternisé*	*lait maternel ou maternisé*	*lait Première purée de fruits : pommes (p. 40)*	*lait maternel ou maternisé*	*lait maternel ou maternisé*	*lait maternel ou maternisé*
JOUR 3	*lait maternel ou maternisé*	*lait maternel ou maternisé*	*lait Première purée de légumes : carottes (p. 36)*	*lait maternel ou maternisé*	*lait maternel ou maternisé*	*lait maternel ou maternisé*
JOUR 4	*lait maternel ou maternisé*	*lait maternel ou maternisé*	*lait Crème de poires (p. 42)*	*lait maternel ou maternisé*	*lait maternel ou maternisé*	*lait maternel ou maternisé*
JOUR 5	*lait maternel ou maternisé*	*lait maternel ou maternisé*	*lait – Première purée de légumes : pommes de terre ou patates douces (p. 36)*	*lait maternel ou maternisé*	*lait maternel ou maternisé*	*lait maternel ou maternisé*
JOUR 6	*lait maternel ou maternisé*	*lait maternel ou maternisé*	*lait Purée de pommes et de poires (p. 42)*	*lait maternel ou maternisé*	*lait maternel ou maternisé*	*lait maternel ou maternisé*
JOUR 7	*lait maternel ou maternisé*	*lait maternel ou maternisé*	*lait Purée de légumes crémeuse (p. 39)*	*lait maternel ou maternisé*	*lait maternel ou maternisé*	*lait maternel ou maternisé*

On ne devrait pas ajouter de sucre aux aliments de sevrage à moins qu'il ne soit nécessaire pour améliorer la palatabilité des fruits acides.

Semaines 3 et 4 après le début du sevrage

	MATIN	COLLATION DU MATIN	MIDI	GOÛTER DE L'APRÈS-MIDI	SOIR	NUIT
JOUR 1	*banane écrasée*	*lait maternel ou maternisé*	*Purée de légumes-racines (p. 36)*	*lait maternel ou maternisé*	*lait maternel ou maternisé*	*lait maternel ou maternisé*
JOUR 2	*Première purée de fruits : pommes (p. 40)*	*lait maternel ou maternisé*	*Première purée de légumes : carottes (p. 36)*	*lait maternel ou maternisé*	*lait maternel ou maternisé*	*lait maternel ou maternisé*
JOUR 3	*Purée de pommes et de poires (p. 42)*	*lait maternel ou maternisé*	*Purée de légumes-racines (p. 36)*	*lait maternel ou maternisé*	*lait maternel ou maternisé*	*lait maternel ou maternisé*
JOUR 4	*Crème de poires (p. 42)*	*lait maternel ou maternisé*	*Purée de légumes sucrés (p. 38)*	*lait maternel ou maternisé*	*lait maternel ou maternisé*	*lait maternel ou maternisé*
JOUR 5	*Aliment cru pour bébé : papaye (p. 40)*	*lait maternel ou maternisé*	*Première purée de légumes : pommes de terre ou patates douces (p. 36)*	*lait maternel ou maternisé*	*lait maternel ou maternisé*	*lait maternel ou maternisé*
JOUR 6	*Première purée de fruits : poires (p. 40)*	*lait maternel ou maternisé*	*Purée de légumes crémeuse (p. 39)*	*lait maternel ou maternisé*	*lait maternel ou maternisé*	*lait maternel ou maternisé*
JOUR 7	*Purée d'avocat et de banane (p. 42)*	*lait maternel ou maternisé*	*Patate douce au four et purée de carottes (p. 39)*	*lait maternel ou maternisé*	*lait maternel ou maternisé*	*lait maternel ou maternisé*

On ne devrait pas ajouter de sucre aux aliments de sevrage à moins qu'il ne soit nécessaire pour améliorer la palatabilité des fruits acides.

À partir de la 4ᵉ semaine après le début du sevrage

	MATIN	COLLATION DU MATIN	MIDI	GOÛTER DE L'APRÈS-MIDI	SOIR	NUIT
JOUR 1	Pêche, nectarine ou prune (p. 45) céréales de riz	lait maternel ou maternisé	Première purée de poulet (p. 59)	lait maternel ou maternisé	Purée d'avocat et de banane (p. 42)	lait maternel ou maternisé
JOUR 2	Purée de pomme, abricots et poire (p. 46)	lait maternel ou maternisé	Pomme de terre et petits pois à la menthe (p. 45)	lait maternel ou maternisé	Brocoli à la sauce au fromage (p. 75)	lait maternel ou maternisé
JOUR 3	Aliment cru pour bébé : banane (p. 40)	lait maternel ou maternisé	Patates douces et brocoli (p. 43)	lait maternel ou maternisé	Purée de courge musquée et de poire (p. 44)	lait maternel ou maternisé
JOUR 4	Purée de poire et bleuets (myrtilles) (p. 46)	lait maternel ou maternisé	Bœuf braisé aux carottes, panais et patates douces (p. 44)	lait maternel ou maternisé	Purée de légumes-racines (p. 36)	lait maternel ou maternisé
JOUR 5	Purée de pomme, abricots et poire (p. 46)	lait maternel ou maternisé	Aliment cru pour bébé : avocat (p. 40)	lait maternel ou maternisé	Patates douces et brocoli (p. 43)	lait maternel ou maternisé
JOUR 6	Abricots secs et banane ou céréales de riz et lait (p. 45)	lait maternel ou maternisé	Purée de pommes et panais (p. 38)	lait maternel ou maternisé	Purée de légumes sucrés (p. 38)	lait maternel ou maternisé
JOUR 7	Aliment cru pour bébé : banane ou papaye (p. 40)	lait maternel ou maternisé	Patate douce au four et purée de carottes (p. 39)	lait maternel ou maternisé	Purée de légumes-racines (p. 36)	lait maternel ou maternisé

On ne devrait pas ajouter de sucre aux aliments de sevrage à moins qu'il ne soit nécessaire pour améliorer la palatabilité des fruits acides.

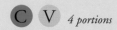
*Les **carottes** sont riches en bêtacarotène, la forme végétale de la vitamine A, et constituent un très bon aliment pour encourager le sevrage parce que les bébés aiment leur goût sucré. Les grandes carottes, orange foncé, contiennent plus de bêtacarotène que les petites carottes nouvelles.*

 6 portions

*Les **légumes-racines** constituent les meilleurs légumes pour encourager le sevrage parce qu'ils sont naturellement sucrés et onctueux en purée.*

> **Remarque :** le nombre de portions proposé pour chaque recette dépendra de l'âge de votre bébé.

Première purée de légumes *à partir de 6 mois*

Dans les premières semaines du sevrage, cuisez suffisamment les carottes pour en faire une purée onctueuse. Ceci s'applique à d'autres légumes-racines, comme les pommes de terre, les patates douces et les rutabagas. Les temps de cuisson varient en fonction des légumes.

350 g (3/4 de lb) de carottes

Peler et laver les légumes puis les couper en morceaux ou en tranches de même taille. Mettre dans un cuiseur à vapeur ou dans une passoire au-dessus d'une casserole d'eau bouillante. Cuire jusqu'à ce que les légumes soient tendres (15 à 20 minutes). Vous pouvez également mettre les légumes dans une casserole avec suffisamment d'eau bouillante pour les recouvrir. Couvrir et faire mijoter jusqu'à ce que les légumes soient tendres (15 à 20 minutes).

Pour une cuisson au micro-ondes, mettre les carottes dans un plat approprié. Ajouter 45 ml (3 c. à soupe) d'eau bouillie et refroidie, et couvrir d'une pellicule de plastique. Percer la pellicule à plusieurs endroits et chauffer à température élevée de 9 à 10 minutes. À mi-cuisson, remuer.

Réduire en purée onctueuse en utilisant l'eau de cuisson. La quantité d'eau à ajouter dépend du bébé. S'il a de la difficulté à avaler, ajoutez de l'eau pour que la purée soit plus liquide. Verser la purée dans un bol pour bébé et servir tiède.

Purée de légumes-racines *à partir de 6 mois*

Choisissez trois légumes-racines parmi ceux indiqués ci-dessous, à environ 175 g (6 oz) chacun (moins pour le panais à cause de son goût très prononcé).

Carottes/pommes de terre/patates douces/citrouille/rutabaga/panais

Laver et peler les légumes. Les couper en morceaux et les mettre dans une casserole avec suffisamment d'eau pour les couvrir. Cuire à feu moyen jusqu'à ce que les légumes soient tendres (environ 20 minutes). Vous pouvez également faire cuire les légumes à la vapeur jusqu'à ce qu'ils soient tendres Réduire en purée onctueuse en utilisant autant d'eau de cuisson que nécessaire. On peut ajouter du lait, celui auquel le bébé est habitué, avec l'eau de cuisson. Verser la purée dans un bol pour bébé et servir tiède.

La **courge** et la **citrouille** se digèrent facilement et ne provoquent que très rarement des allergies, ce qui en fait d'excellents légumes pour encourager le sevrage.

Manger mieux :

n'utilisez pas trop d'eau pour faire cuire les légumes et pour faire la purée parce que les vitamines comme la vitamine C se diluent dans l'eau.

  2 portions

Les **panais** sont d'excellentes sources d'amidon et de fibres. Ils contiennent aussi les vitamines C et E qui sont des antioxydants.

Purée de légumes sucrés *à partir de 6 mois*

Certains légumes peu courants comme la courge se trouvent maintenant plus facilement dans les supermarchés. On peut en faire de délicieuses purées ; leur goût naturellement sucré plaît beaucoup aux bébés.

500 g (1 lb) de courge musquée ou de citrouille

Peler et retirer les graines et couper en petits morceaux. Cuire à la vapeur ou mettre dans une casserole avec un peu d'eau, couvrir et faire mijoter jusqu'à ce que légume soit tendre (environ 15 minutes). Égoutter et réduire en purée en ajoutant un peu d'eau de cuisson au besoin.

La courge peut également être cuite au four. Préchauffer le four à 180 °C/350 °F/Th. 6. Couper la courge en deux et retirer les graines. À l'aide d'un pinceau de cuisine, badigeonner d'un peu de beurre fondu et déposer sur une plaque de cuisson. Recouvrir de papier d'aluminium et faire cuire jusqu'à ce que la chair soit tendre (environ 1 h 15).

Pour faire cuire au micro-ondes, peler et couper en morceaux. Mettre dans un plat pour micro-ondes et verser environ 45 ml (3 c. à soupe) d'eau. Couvrir d'une pellicule de plastique, percer la pellicule et cuire à température élevée de 7 à 8 minutes. À mi-cuisson, mélanger. Laisser reposer le plat couvert pendant 4 minutes. Réduire en purée et verser dans un bol pour bébé ; servir tiède.

Purée de pomme et carottes ou panais

à partir de 6 mois

La combinaison d'un fruit et d'un légume est souvent délicieuse.

1 jeune panais ou 2 carottes moyennes, pour environ 125 g (1/4 de lb)
1 petite pomme

Bien laver le panais ou les carottes ; retirer les bouts et couper les légumes en petits morceaux. Faire cuire dans un cuiseur à vapeur couvert pendant 15 minutes. Peler et évider la pomme, et la couper en petits morceaux. Ajouter aux morceaux de panais ou de carottes et faire cuire cinq minutes de plus. Égoutter et réduire en purée onctueuse en ajoutant un peu d'eau de cuisson au besoin. Verser la purée dans un bol pour bébé ; servir tiède.

Patate douce au four et purée de carottes

à partir de 6 mois

Cette cuisson rehausse le goût naturellement sucré de la patate douce. Si vous préparez un rôti pour le reste de la famille, une purée de patates douces est un excellent mets d'accompagnement et vous n'avez qu'à les faire cuire ensemble. Délicieuse avec ou sans carottes.

1 patate douce moyenne d'environ 200 g (7 oz)
100 g (1/4 de lb) de carottes, pelées et coupées en tranches
30 à 45 ml (2 à 3 c. à soupe) du lait auquel le bébé est habitué

Préchauffer le four à 190°C/375 °F/Th. 5. Laver et sécher la patate douce. La piquer à l'aide d'une fourchette. Faire cuire au four jusqu'à ce qu'elle soit tendre (environ 45 minutes). Pendant ce temps, faire cuire les carottes à la vapeur ou sur la cuisinière jusqu'à ce qu'elles soient tendres (environ 20 minutes).

Lorsque la patate douce est tendre, laisser reposer ; couper en deux et vider à l'aide d'une cuillère. Réduire en purée avec les carottes cuites et le lait.

Vous pouvez également faire cuire la patate douce au micro-ondes. La piquer à plusieurs endroits à l'aide d'une fourchette et la poser sur deux épaisseurs de papier absorbant. Faire cuire à température élevée pendant 5 minutes en retournant à mi-cuisson. Laisser reposer pendant 5 minutes. Peler et réduire en purée avec les carottes en ajoutant un peu de lait auquel le bébé est habitué.

Purée de légumes crémeuse *à partir de 6 mois*

Les légumes dont le goût est très prononcé comme les panais, les carottes ou le brocoli peuvent être mélangés aux céréales de riz et à du lait pour en atténuer le goût.

1 c. à soupe de céréales de riz
45 ml (3 c. à soupe) de lait auquel le bébé est habitué
60 ml (1/4 de tasse) de purée de légumes

Bien mélanger les céréales de riz et le lait selon les directives indiquées sur l'emballage. Incorporer à la purée de légumes ; bien mélanger.

  4 portions

*Il y a deux sortes de **patates douces** : l'une à chair orange et l'autre à chair pâle. Elles ont toutes les deux la peau orange et sont d'excellentes sources de potassium, de vitamine C et de fibres. Je préfère cependant la patate douce à chair orange, excellente source de bêtacarotène qui permet de prévenir certains types de cancer et d'absorber les radicaux libres.*

  2 portions

*Les **céréales de riz** destinées aux bébés devraient être les premières céréales de bébé car elles ne contiennent pas de gluten, une protéine présente dans le blé, l'avoine, l'orge et le seigle et qui peut provoquer des allergies alimentaires si offerte avant l'âge de 6 mois.*

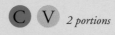

Première purée de fruits *à partir de 6 mois*

Choisissez des fruits bien mûrs pour votre bébé. Certaines pommes, les Cox et les Granny Smith, sont très acides et moins sucrées que d'autres.

2 pommes à couteau moyennes ou 2 poires mûres, pelées et évidées
30 ml (2 c. à soupe) d'eau ou de jus de pommes sans sucre

Couper les pommes ou les poires en morceaux de taille égale. Les mettre dans une casserole en fonte, ajouter de l'eau, couvrir et faire cuire à feu doux jusqu'à ce que les fruits soient tendres (environ 6 à 8 minutes pour les pommes, 4 minutes pour les poires).

Pour faire cuire au micro-ondes : mettre les petits morceaux dans un plat pour micro-ondes; ajouter 30 à 45 ml (2 à 3 c. à soupe) d'eau et recouvrir d'une pellicule pour micro-ondes. Faire des trous à plusieurs endroits dans la pellicule; cuire à température élevée jusqu'à ce que les fruits soient tendres (environ 2 minutes).

Réduire en purée onctueuse en ajoutant au besoin un peu d'eau de cuisson. Verser dans un bol pour bébé et servir tiède.

Aliment cru pour bébé *à partir de 6 mois*

Voici quelques idées pour que les repas de votre enfant soient délicieux, nutritifs et rapides à préparer. N'oubliez pas de choisir des fruits mûrs et de servir immédiatement.

Papaye

Couper une petite papaye en deux, retirer les graines et réduire en purée ou écraser à la fourchette une seule moitié jusqu'à ce qu'elle devienne onctueuse.

Avocat

Couper un petit avocat en deux, dénoyauter et vider. Réduire en purée en utilisant le lait auquel votre bébé est habitué.

Banane

Peler la banane et écraser à l'aide d'une fourchette. Aux premières étapes du sevrage, ajouter un peu de lait pour liquéfier la purée et pour que le bébé retrouve une saveur qui lui est familière.

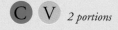
Purée de pommes et de poires *à partir de 6 mois*

Les pommes et les poires se marient bien. On peut ajouter un peu de cannelle pour présenter un nouvel arôme. Choisissez de préférence des pommes sucrées comme les Pink Lady ou les Gala.

2 pommes à couteau, pelées, évidées et coupées en morceaux

2 poires mûres, pelées, évidées et coupées en morceaux

4 c. à soupe de jus de pommes sans sucre, ou d'eau

2 c. à soupe d'eau

Mettre les fruits dans une casserole en fonte ; ajouter le jus de pommes et l'eau ; couvrir et faire cuire à feu doux jusqu'à ce que les fruits soient tendres (de 6 à 8 minutes). Réduire en purée onctueuse. Verser dans un bol pour bébé et servir tiède.

Purée d'avocat et de banane *à partir de 6 mois*

1/4 d'avocat

1/2 banane mûre

1 à 2 c. à soupe de lait auquel votre bébé est habitué

Écraser l'avocat et la banane avec le lait. On peut remplacer la banane par la chair d'une petite papaye. Dans ce cas, le lait devient facultatif.

Crème de poires *à partir de 6 mois*

2 petites poires mûres, pelées, évidées et coupées en gros morceaux

1 c. à soupe de céréales de riz

1 c. à soupe de lait auquel le bébé est habitué

Mettre les morceaux de poire dans une petite casserole ; couvrir et faire cuire de 2 à 3 minutes. Réduire en purée. Mélanger les céréales de riz et le lait ; verser dans la purée de poires.

Nouveaux légumes à partir de 6 mois

Les légumes-racines naturellement sucrés sont faciles à digérer ; ils sont parfaits pour commencer le sevrage. Au bout de quelques semaines cependant, il est possible de présenter au bébé des légumes au goût un peu plus prononcé, comme le brocoli.

La courgette

La courgette est meilleure lorsqu'elle est mélangée à un autre légume ; son goût se marie bien à celui des patates douces, des carottes, de la citrouille, des pommes de terre et du rutabaga. Laver, parer et couper en rondelles 250 g (1/2 lb) de courgettes. Cuire au cuiseur à vapeur jusqu'à ce qu'elles soient tendres (10 à 12 minutes) ou faire mijoter dans une poêle avec un peu d'eau bouillante, à couvert, jusqu'à ce que les courgettes soient tendres (6 à 8 minutes).

Pour cuire au micro-ondes, mettre les rondelles de courgettes dans un plat pour micro-ondes avec 1 c. à soupe d'eau. Couvrir d'une pellicule pour micro-ondes, piquer en plusieurs endroits et faire cuire à température élevée environ 6 minutes en remuant à mi-cuisson. Laisser reposer pendant trois minutes avant de réduire en purée.

Le chou-fleur ou le brocoli

Mettre 250 g (1/2 lb) de bouquets de brocoli ou de chou-fleur dans un cuiseur à vapeur ou une casserole contenant suffisamment d'eau bouillante pour couvrir les légumes et faire cuire jusqu'à ce que les légumes soient tendres (environ 10 minutes). Égoutter et réduire en purée en utilisant un peu d'eau de cuisson.

Pour le micro-ondes : mettre les bouquets dans un plat allant au micro-ondes ; verser 2 c. à soupe d'eau et recouvrir d'une pellicule pour micro-ondes. Piquer la pellicule en plusieurs endroits et faire cuire à température élevée environ 6 minutes en remuant à mi-cuisson. Laisser reposer pendant 4 minutes ; puis réduire en purée avec un peu de lait auquel le bébé est habitué ou un peu d'eau bouillante. Pour atténuer le goût très prononcé du brocoli, mélangez-le à une pomme de terre, une patate douce, des morceaux de citrouille ou du rutabaga ou encore, faites une sauce au fromage (voir p. 75).

Patates douces et brocoli *à partir de 6 mois*

200 g (7 oz) de patates douces, pelées et coupées en dés
60 g (2 1/2 oz) de bouquets de brocoli

Faire cuire les patates douces et le brocoli à la vapeur jusqu'à ce qu'ils soient tendres (patate douce, environ 12 minutes ; brocoli, environ 7 à 8 minutes). Réduire en purée avec un peu d'eau de cuisson. Servir tiède.

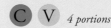 *4 portions*

*Les **courgettes** sont une bonne source de bêtacarotène, mais la plus grande partie de leurs nutriments se trouve dans la peau ; il ne faut donc pas les peler.*

*Le **brocoli** est le superaliment par excellence : il contient de la vitamine C, du bêtacarotène, de l'acide folique, du fer, du potassium et des phytonutriments anticancérigènes.*

 3 portions

*Il vaut mieux cuire le **brocoli** à la vapeur ou au micro-ondes ; dans l'eau bouillante, il perd la moitié de sa vitamine C. Si votre bébé ne semble pas en aimer le goût, mélangez-le à un autre légume au goût plus doux, comme la patate douce, le rutabaga ou la courge musquée.*

SUPERALIMENTS

*La **viande rouge** est la meilleure source de fer pour les bébés. Il est essentiel de présenter des aliments enrichis de fer puisque leurs réserves de fer, transmises par la mère, s'épuisent au bout de six mois. La quantité de fer que contient le lait maternel n'est pas suffisante.*

Bœuf braisé aux carottes, panais et patates douces *à partir de 6 mois*

Cette recette est une excellente façon d'introduire la viande rouge. Les légumes-racines lui donnent une consistance onctueuse et un goût apprécié des bébés. Une fois qu'il a accepté ce nouveau goût, vous pouvez lui offrir du poulet.

1 petit oignon rouge haché
1 c. à soupe d'huile d'olive
15 g (2 c. à soupe) de farine
150 g (5 oz) de carottes, pelées
et coupées en rondelles
225 g (1/2 lb) de patates douces, pelées
et coupées en petits morceaux
375 ml (1 1/2 tasse) de bouillon de poulet
sans sel

1 gousse d'ail écrasée
150 g (5 oz) de bœuf à braiser, sans gras,
coupé en petits morceaux
75 g (3 oz) de panais, pelé et coupé
en rondelles
1 feuille de laurier
1 c. à soupe de persil haché

Chauffer l'huile dans une casserole ou une petite cocotte en fonte. Y faire revenir l'oignon et l'ail pendant 3 à 4 minutes. Enrober les morceaux de bœuf de farine et les faire sauter. Ajouter les carottes, le panais, les patates douces, la feuille de laurier et le persil et le bouillon de poulet. Porter à ébullition et faire mijoter à feu doux pendant 1 h 45 ou jusqu'à ce que la viande soit tendre. Passer au mélangeur en utilisant autant de liquide de cuisson que nécessaire.

 C V *4 portions*

La courge musquée est une excellente source de bêtacarotène.

Purée de courge musquée et de poire
à partir de 6 mois

Le goût naturellement sucré de la courge musquée est généralement apprécié des bébés et se marie bien au goût de plusieurs fruits. Lorsque les pêches sont de saison, essayez une purée de courge musquée et de pêche.

350 g (3/4 de lb) de courge musquée, pelée, parée et coupée en morceaux
1 poire juteuse bien mûre, pelée, évidée et coupée en morceaux

Faire cuire la courge à la vapeur jusqu'à ce qu'elle soit tendre (environ 12 minutes). Ajouter les morceaux de poire et continuer de cuire à la vapeur trois minutes de plus. Réduire en purée avec deux cuillères d'eau de cuisson. Vous pouvez également couper la courge en deux, badigeonner les deux moitiés de beurre, couvrir de papier d'aluminium et faire cuire au four à 180 °C/ 350 °F/ Th. 4, jusqu'à ce qu'elle soit tendre.

Pomme de terre et petits pois à la menthe à partir de 6 mois

1 grosse pomme de terre d'environ 200 g (7 oz), pelée et coupée en dés
75 g (3 oz) de petits pois surgelés
2 brins de menthe

Mettre les morceaux de pomme de terre dans une casserole; verser de l'eau bouillante. Couvrir et faire cuire pendant 6 minutes. Ajouter les petits pois surgelés et les brins de menthe; couvrir et laisser mijoter pendant 5 minutes. Retirer la menthe et passer les légumes au moulin pour vous débarrasser de l'enveloppe des petits pois. Servir tiède. Il est possible de remplacer la pomme de terre par une patate douce.

Nouveaux fruits à 6 mois

Vous pouvez faire une purée composée des fruits mentionnés ci-dessous ou les mélanger à des céréales de riz, à une banane ou à une poire. Assurez-vous de choisir des fruits qui sont sucrés et mûrs.

Les pêches et les nectarines
À l'aide d'un couteau, tracer une croix à la base du fruit et le plonger dans l'eau bouillante pendant une minute. Égoutter, peler et couper en petits morceaux; jeter le noyau et réduire en purée.

Les prunes et les abricots
Plonger les fruits, sucrés et mûrs, dans l'eau bouillante; peler (voir plus haut) et couper en morceaux; jeter le noyau. Cuire à la vapeur jusqu'à ce que le fruit soit tendre et réduire en purée. Ces fruits se mélangent bien aux pommes.

Les melons
Couper le melon en tranches; retirer les graines. Couper la chair en petits morceaux et réduire en purée onctueuse. Délicieux avec une banane ou un avocat écrasé.

Les pêches et les abricots secs
Faire mijoter dans de l'eau; réduire en purée dans un moulin à légumes avec de l'eau de cuisson pour se débarrasser de la peau. Cette purée est bonne mélangée à des céréales de riz et du lait, à une banane écrasée, à une purée de poires ou de pommes.

  2 portions

La **menthe** favorise la digestion; c'est l'une des raisons pour lesquelles certaines personnes aiment boire du thé à la menthe.

Les **pêches** sont une bonne source de vitamine C, et leur chair tendre est facile à digérer.

Les **abricots** sont une bonne source de bêtacarotène et contiennent aussi des fibres.

Le **melon brodé** est le plus nutritif de tous les melons. Il est très sucré, riche en vitamine C et en bêtacarotène.

Les **abricots secs** sont une excellente source de bêtacarotène et une bonne source de fer et de potassium. Le procédé de dessiccation en accroît la teneur.

*Les **bleuets (myrtilles)** sont riches en vitamine C; ils contiennent aussi du bêtacarotène. L'anthocyane, le pigment bleu, de la peau du bleuet protège contre le cancer et fait du bleuet le fruit ayant la capacité antioxydante la plus élevée de tous les fruits.*

C V *2 portions*

*Les **abricots secs** sont parmi les meilleurs aliments de la nature. Les abricots mi-secs sont plus doux et tendres, mais évitez ceux ayant été traités au dioxyde de soufre (E220), un agent fumigeant et un agent de préservation de la couleur. Elle peut provoquer des crises d'asthme chez les bébés à risque. Les fruits secs sont riches en potassium qui fait contrepoids à la teneur en sel très élevée de certains aliments du commerce et constituent une excellente collation énergisante.*

Puree de poire et de bleuets (myrtilles)

à partir de 6 mois

C'est une purée facile et rapide à faire, à la couleur d'un violet riche. Les petits fruits provoquent parfois des réactions allergiques chez les bébés; si le vôtre présente des signes avant-coureurs de réaction allergique, cessez de lui en offrir et consultez votre medecin.

1 grosse poire juteuse, pelee, dénoyautée et coupée en morceaux
50 g (2 oz) de bleuets (myrtilles)
1/2 c. a soupe de céréales de riz

Laisser mijoter les fruits dans une casserole pendant 5 minutes. Reduire en purée et incorporer les céréales de riz. Servir tiède.

Puree de pomme, abricots et poire

à partir de 6 mois

Un mariage nutritif et délicieux. On peut y verser des céréales de riz comme dans la recette ci-dessous ou l'accompagner d'une banane écrasée. Cependant, comme les bananes ne se congèlent pas, congeler la purée sans céréales dans de petits pots individuels et ajoutez la banane écrasée au moment de servir.

1 pomme, pélée, evidee et coupée en morceaux
60 g (2 1/2 oz) d'abricots secs, hachés grossièrement
4 c. a soupe d'eau
1 poire mûre, pelée, évidée et coupée en morceaux
1 c. a soupe de céréales de riz
2 c. a soupe de lait auquel est habitué le bébé

Mettre la pomme et les abricots secs dans une casserole d'eau. Couvrir et laisser mijoter pendant 5 minutes. Ajouter la poire et laisser mijoter pendant 2 minutes. Réduire en purée. Dans un petit bol, mélanger les céréales de riz et le lait; verser dans la purée de fruits.

De 7 à 9 mois :
nouvelles saveurs et consistances

Entre sept et neuf mois, les bébés grandissent

rapidement et parviennent à l'étape

de la chaise haute ; ils sont alors prêts à

découvrir des saveurs un peu plus prononcées

et de nouvelles consistances.

Les étapes suivantes

Dès l'âge de sept mois, votre bébé devrait manger trois repas quotidiens. La quantité de nourriture avalée dépendra de chaque enfant, mais à sept mois, il devrait apprécier une large gamme de saveurs. La croissance de votre bébé est très rapide; il sera éveillé plus longtemps. Alors qu'il faut toujours soutenir la tête d'un bébé de six mois lorsqu'on le nourrit, un bébé de neuf mois est assez fort pour être assis dans une chaise haute.

Essayez de faire de l'heure des repas un moment convivial, et autant que possible, permettez au bébé d'être assis à la table. Ne le forcez jamais à manger, mais laissez-vous plutôt guider par son appétit. Tant que votre bébé est heureux et qu'il grandit bien, il n'y a pas lieu de s'inquiéter.

Les bébés de cet âge devraient avaler de 500 à 600 ml (2 à 2 1/2 tasses) de lait maternel ou maternisé chaque jour, et ce, jusqu'à l'âge de 12 mois.

Une partie de l'apport en lait pourrait provenir de produits laitiers comme le fromage et le yogourt. Si votre bébé n'a pas faim à l'heure des repas, réduisez la quantité de lait qu'il boit, vous découvrirez qu'il sera prêt à manger plus d'aliments solides et qu'il sera moins difficile quant à la consistance des aliments.

Nouvelles consistances

Après avoir présenté des purées composées d'un seul ingrédient, vous pouvez maintenant associer divers aliments. À mesure que ses dents apparaissent (voir page 52), présentez à votre bébé des aliments à consistance moins onctueuse et des croque-en-doigts. Il se servira encore très probablement de ses gencives pour mâcher; il est d'ailleurs surprenant de voir à quel point elles parviennent à bien réduire en bouillie les aliments qu'il avale. Il n'est pas recommandé de donner au bébé des purées onctueuses longtemps, il pourrait en effet devenir paresseux et ne pas vouloir mâcher ou même éprouver des difficultés à apprendre à se servir de sa langue, nécessaire pour avaler des solides.

Introduction de nouveaux aliments

Autour de l'âge de sept mois, les bébés devraient manger des aliments de chaque groupe alimentaire : des féculents, des fruits et des légumes, des protéines, du lait et des produits laitiers (voir p. 13 à 16).

- *Des aliments à base de blé, comme des pâtes ou du pain.*
- *Des céréales à faible teneur en sucre, comme du gruau d'avoine ou des Weetabix. Évitez les aliments à teneur élevée en fibres comme le son, ils sont difficiles à digérer et vident le corps des nutriments essentiels.*
- *Des produits laitiers, comme le fromage ou le yogourt au lait complet. Les produits laitiers maigres ne conviennent pas aux bébés en pleine croissance parce qu'ils ne contiennent pas suffisamment de calories. Évitez les fromages mous comme le camembert ou le brie en raison des risques de listériose.*
- *Le lait de vache est faible en fer et en vitamine D; les bébés devraient continuer de boire du lait maternel ou maternisé jusqu'à l'âge de 12 mois. On peut cependant l'utiliser pour cuisiner ou dans les céréales.*

- *La viande rouge et la volaille maigres.*
- *Du poisson doux comme la plie (limande), la morue et le saumon. Malheureusement, certains enfants n'aiment pas le poisson; j'ai donc essayé de concocter des repas au poisson savoureux.*
- *Des légumes plus goûteux comme les poireaux, les épinards, les oignons et les champignons. Vers l'âge de huit-neuf mois, servez-leur des aliments cuits à la vapeur : bâtonnets de carottes ou des bouquets de brocoli.*
- *Les agrumes.*
- *Les petits fruits (les passer au tamis pour retirer les graines).*
- *Les fruits au goût prononcé comme la mangue.*
- *Les légumineuses, p. ex. les lentilles, les pois cassés.*
- *Le tofu.*
- *Les œufs : œufs durs ou en omelette*

Pour introduire progressivement les nouveaux aliments, vous pouvez commencer par ajouter des aliments écrasés ou râpés aux purées préférées de votre enfant. Ces changements ne seront peut-être pas bien accueillis ; il doit s'habituer à manger de gros morceaux d'aliments. Certains bébés, dès l'âge de neuf mois, s'habitueront très facilement aux aliments coupés en morceaux, d'autres préféreront les consistances onctueuses.

Pour introduire de nouvelles consistances dans les repas du bébé, on peut préparer une purée relativement onctueuse et ajouter ensuite de toutes petites pâtes fantaisie. Pour les enfants un peu plus âgés, on peut combiner des pâtes fantaisie et des bouchées de légumes, des carottes, des haricots verts et du brocoli. La mastication et la déglutition sont reliées à l'apprentissage du langage. Certains bébés préfèrent les aliments qui fondent dans la bouche, par exemple, les bananes, les pêches ou du pain grillé coupé en fines tranches.

La viande rouge

Nous croyons à tort que les bébés n'aiment pas la saveur de certains aliments alors qu'en réalité, c'est leur consistance qu'ils n'aiment pas. C'est du moins souvent le cas de la viande rouge. À moins que vous ne désiriez que votre enfant soit végétarien, la viande rouge est un excellent aliment ; c'est la meilleure source de fer, essentiel pour le développement physique et intellectuel. Les bébés naissent avec des réserves de fer qui dureront environ six mois au bout desquels il est important de s'assurer qu'ils obtiennent de leur nourriture le fer dont ils ont besoin. Les bébés doivent tout particulièrement obtenir beaucoup de fer entre l'âge de six et douze mois.

La viande peut être difficile à mâcher, ce qui est parfois problématique. J'ai découvert que la meilleure façon de la rendre agréable consiste à la mélanger à des légumes-racines ou à des pâtes ce qui donne une consistance plus veloutée et plus facile à avaler. J'ai par ailleurs découvert que lorsque je

préparais de la viande hachée pour les bébés un peu plus âgés, dans une sauce à la bolonaise par exemple, ils l'avalaient plus facilement que si j'avais simplement coupé la viande en morceaux et l'avais passé au robot culinaire.

Se nourrir tout seul

Permettez à votre bébé d'apprendre à se nourrir tout seul, avec une cuillère ou avec les doigts. Plus il deviendra autonome, plus vite il maîtrisera l'art de se nourrir seul. Voir à la page 70 des suggestions d'aliments croque-en-doigts.

Matériel

Chaise haute : une fois que le bébé peut soutenir seul sa tête et le haut du corps, il s'asseoit dans une chaise haute. S'il est très actif, attendez que son repas soit prêt, sinon il n'aimera pas se trouver coincé dans la chaise trop longtemps. Attachez la ceinture de sécurité pour prévenir les chutes. Les repas n'ont pas pour unique but de se nourrir, ils permettent également d'apprendre à vivre en société ; laissez donc le bébé partager vos repas, et approchez sa chaise haute de la table familiale.

Bols et cuillères : les bols à bases ventouses sont idéales à cet âge : jeter la nourriture est aussi amusant que la manger. Dès que le bébé est prêt, donnez-lui une cuillère en plastique pour qu'il puisse tenter l'expérience de se nourrir seul. Il est bien plus facile de mettre de la nourriture dans une cuillère si les aliments sont dans un bol plutôt que dans une assiette.

Timbales avec embout : à partir de six mois, les bébés peuvent apprendre à boire à l'aide d'une timbale munie d'un embout. Commencez par donner à votre enfant une timbale à deux anses munie d'un embout et d'un couvercle qui se visse. Plusieurs types de timbales sont offerts sur le marché : timbales antifuites et timbales avec valve amovible qui empêchent toute fuite, même si la timbale est à l'envers. Amenez progressivement votre bébé à se servir d'une timbale sans couvercle.

Les premières dents de bébé

Entre six et dix-huit mois, le bébé commence à faire ses dents ; ses gencives lui font mal, il ne se sent pas bien et la nourriture ne l'intéressera peut-être pas. Un anneau de dentition refroidi soulagera peut-être la douleur. Vous pouvez également lui donner des rondelles de concombre ou des bâtonnets de carotte très froids. Il est également possible de masser les gencives avec du gel de dentition, ce dernier contient des ingrédients anesthésiants ; un médecin peut vous en prescrire s'il juge que votre bébé en bénéficiera.

Les dents commencent à apparaître à partir de 6 mois, et à 12 mois, votre bébé aura entre quatre et huit dents. Brossez ses dents en profondeur deux fois par jour dès qu'elles apparaissent à l'aide d'une noisette de dentifrice pour enfants et d'une brosse à dents souple spécialement conçue. Ne mettez pas trop de dentifrice sur la brosse, surtout dans les régions où on a déjà ajouté du fluor à l'eau du robinet. Un excès de fluor provoque la coloration permanente des dents. Vous pouvez également enrouler un morceau de flanelle autour d'un doigt et en frotter légèrement les dents et les gencives. Les dents de votre enfant doivent être brossées deux fois par jour.

Les caries du biberon

Pour les dents d'un bébé, le biberon est pire qu'une timbale : le jus de fruits est plus longtemps en contact avec les dents. Les caries du biberon se produisent lorsqu'un bébé ou un très jeune enfant boit des liquides très sucrés dans un biberon. Les bactéries à la surface des dents utilisent le sucre du jus de fruits pour produire une substance acide, qui attaque l'émail des dents et qui entraîne les caries. Il ne convient pas du tout de donner un biberon à un bébé la nuit ; l'enfant produit moins de salive que durant le jour et le sucre colle aux dents. Il vaut mieux donner de l'eau entre les repas, et ne donner du jus de fruits qu'avec le repas. Si votre enfant insiste et qu'il désire un biberon pour la nuit, versez-y de l'eau. Habituez votre enfant dès l'âge de six ou sept mois à se servir d'une timbale avec couvercle et embout. Progressivement, amenez-le à utiliser une timbale sans couvercle. Essayez de vous débarrasser des biberons dès l'âge de un an (voir aussi page 68).

Collations sans danger pour les dents

- bâtonnets de légumes avec ou sans trempette
- fromage, seul ou sur du pain grillé
- biscottes ou biscuits de dentition sans sucre
- pain grillé ou bagels coupés en fines tranches
- fromage à la crème avec bâtonnets de pain, galettes de riz ou galettes d'avoine
- mini-sandwichs au beurre d'arachide, à la tartinade de légumes, à la mayonnaise aux œufs (elle doit être pasteurisée)
- un petit bol de soupe maison ou de soupe fraîche vendue dans le commerce
- mini-salades, p. ex. mozzarella et tomates ; pâtes, thon et maïs sucré
- fruits frais. Votre bébé aimera peut-être croquer dans un fruit surgelé, ce qui peut soulager ses gencives douloureuses.

Pour prévenir les caries

- *Donnez-lui une timbale dès qu'il peut s'en servir.*
- *Le jus de fruits dilué est acceptable avec le repas, mais donnez plutôt de l'eau ou du lait entre les repas.*
- *Ne permettez pas à votre bébé de s'endormir avec son biberon.*
- *Ne lui donnez pas de biberon contenant du jus de fruits et ne vous servez pas du biberon comme d'une tétine.*
- *Ne lui donnez pas de biberon après l'âge de 12 mois.*

Manger mieux : *l'apparition des dents force souvent le bébé à baver ; pour éviter que le contour de sa bouche et son menton s'assèche, étalez-y un peu de vaseline.*

Menus

Présentez un dessert différent à midi et le soir. Donnez des fruits frais à votre bébé et, de temps à autre, de la crème glacée, du pudding au riz, du yogourt et du fromage blanc.

	MATIN	COLLATION DU MATIN	MIDI	GOÛTER DE L'APRÈS-MIDI	SOIR	NUIT
JOUR 1	lait maternel ou maternisé Gruau aux abricots et à la poire (p. 65) fruit	lait maternel ou maternisé	Purée de patates douces, de petits pois et de poulet (p. 57)	lait maternel ou maternisé	Purée de légumes et de tomates au fromage (p. 62)	lait maternel ou maternisé
JOUR 2	lait maternel ou maternisé céréales banane	lait maternel ou maternisé	Première purée de poisson (p. 61)	lait maternel ou maternisé	Purée de légumes verts (p. 57)	lait maternel ou maternisé
JOUR 3	lait maternel ou maternisé Abricot, papaye et tofu avec céréales de riz et lait (p. 64)	lait maternel ou maternisé	Première purée de poulet (p. 59)	lait maternel ou maternisé	Purée de carottes et de lentilles au fraomage (p. 55)	lait maternel ou maternisé
JOUR 4	lait maternel ou maternisé fromage et pain grillé Purée de pomme, pêche et fraises (p. 64)	lait maternel ou maternisé	Bœuf en casserole (p. 60)	lait maternel ou maternisé	Purée de pommes de terre, poireaux, carottes et petits pois (p. 61)	lait maternel ou maternisé
JOUR 5	lait maternel ou maternisé lait céréales et yogourt	lait maternel ou maternisé	Purée de poulet fruité et de courge musquée (p. 59)	lait maternel ou maternisé	Trio de légumes-racines (p. 54)	lait maternel ou maternisé
JOUR 6	lait maternel ou maternisé Purée de bananes et de cerises (p. 64)	lait maternel ou maternisé	Chaudrée pour chérubins (p. 62)	lait maternel ou maternisé	Purée de légumes et de tomates au fromage (p. 62) tranches de pain grillé	lait maternel ou maternisé
JOUR 7	lait maternel ou maternisé Purée de pomme, de poire, de pruneaux et avoine (p. 65) pain aux raisins grillé	lait maternel ou maternisé	Purée de patates douces, de petits pois et de poulet (p. 57)	lait maternel ou maternisé	Purée de foies de volaille, de légumes et de pomme (p. 60))	lait maternel ou maternisé

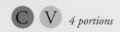
*Les **lentilles** sont une bonne source de protéines et de fibres. Elles sont riches en potassium, en zinc et en acide folique. Pour les bébés qui grandissent, les lentilles et le fromage constituent d'excellents aliments à forte concentration en nutriments.*

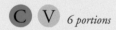
*Les **patates douces** sont riches en vitamines C et E, et en bêtacarotène. Il est donc vivement conseillé de les substituer de temps à autre aux pommes de terre.*

Manger mieux :

les purées de légumes surgelés sont tout aussi nutritives que les purées de légumes frais.

Purée de carottes et de lentilles au fromage

50 g (2 oz) d'oignon pelé et finement haché
1/2 c. à soupe d'huile végétale
25 g (1 oz) de lentilles rouges
200 g (7 oz) de carottes, pelées et coupées en rondelles
15 g (1 c. à soupe) de beurre doux
2 tomates pelées, égrenées et hachées grossièrement
50 g (2 oz) de cheddar râpé

Dans une casserole, faire sauter l'oignon dans l'huile végétale jusqu'à ce qu'il soit fondant (3 à 4 minutes). Rincer les lentilles, égoutter et verser dans la casserole. Ajouter les carottes et 400 ml (1 3/4 tasses) d'eau bouillante. Porter à ébullition, couvrir et faire cuire à feu moyen pendant 25 minutes. Faire fondre le beurre dans une casserole et y faire sauter les morceaux de tomates jusqu'à ce qu'ils soient ramollis ; verser le fromage râpé.

Égoutter le mélange carottes-lentilles et réserver l'eau de cuisson. Verser le mélange dans le robot culinaire avec 125 ml (1/2 tasse) d'eau de cuisson. Ajouter le mélange tomates-fromage et réduire en purée.

Trio de légumes-racines

La patate douce à chair orange est plus riche en nutriments que celle à chair blanche. On peut se procurer des cubes de bouillon de légumes sans sel au supermarché.

25 g (1 1/2 c. à soupe) de beurre doux
60 g (2 1/2 oz) de poireau lavé et coupé en rondelles
300 g (10 oz) de patates douces, pelées et coupées en dés
75 g (3 oz) de carottes, pelées et coupées en rondelles
50 g (2 oz) de panais pelé et coupé en dés
375 ml (1 1/2 tasse) de bouillon de légumes

Faire fondre le beurre dans une casserole et y faire sauter le poireau pendant 3 à 4 minutes. Ajouter la patate douce, le panais et les carottes. Verser le bouillon de légumes et porter à ébullition. Couvrir et faire mijoter à feu moyen pendant 20 minutes. Réduire en purée au robot culinaire ou avec une fourchette, pour les bébés un peu plus âgés.

Purée de patates douces, de petits pois et de poulet

Cette purée est délicieuse et renferme de nombreuses vitamines puisque les patates douces et les carottes sont riches en vitamine A. Le goût sucré de la patate douce et sa consistance veloutée permettent de faire une purée délicieuse, idéale également pour présenter du poulet aux bébés.

1/2 petit oignon pelé et coupé en morceaux
1 c. à soupe d'huile végétale
110 g (1/4 de lb) de poitrine de poulet, coupée en petits morceaux
350 g (3/4 de lb) de patates douces, pelées et coupées en dés
1 carotte moyenne pelée et coupée en rondelles
300 ml (1 1/4 tasse) de bouillon de poulet sans sel
75 g (3 oz) de petits pois surgelés

Faire chauffer l'huile végétale dans une casserole et y faire revenir les oignons pendant 2 à 3 minutes. Ajouter le poulet, le faire sauter et saisir. Ajouter les patates douces, les carottes et le bouillon de poulet. Porter à ébullition, couvrir et laisser mijoter pendant 20 minutes à feu moyen. Ajouter les petits pois surgelés et continuer à cuire pendant encore 5 minutes. Réduire en purée dans un robot culinaire.

Purée de légumes verts

Initiez votre bébé à la saveur des légumes verts très tôt. Il arrive cependant que les bébés n'aiment pas le goût très prononcé de certains légumes; on peut alors les mélanger à un autre légume, la pomme de terre par exemple. On peut également choisir d'autres légumes plus doux, des épinards ou des courgettes.

40 g (1 1/2 oz) d'oignon pelé et haché
15 g (1 c. à soupe) de beurre doux
250 g (1/2 lb) de pommes de terre pelées et coupées en dés
375 ml (1 1/2 tasse) de bouillon de légumes sans sel ou d'eau
50 g (2 oz) de bouquets de brocoli
50 g (2 oz) de petits pois surgelés

Faire sauter l'oignon dans le beurre jusqu'à ce qu'il soit translucide (environ 5 minutes). Ajouter les pommes de terre, verser le bouillon ou l'eau, couvrir et porter à ébullition. Faire cuire à feu moyen pendant 10 minutes. Ajouter le brocoli et faire cuire pendant 3 minutes puis les petits pois et faire cuire 3 minutes de plus. Réduire en purée dans un moulin à légumes.

 6 portions

SUPERALIMENTS

 4 portions

SUPERALIMENTS

Première purée de poulet

Le poulet se marie bien à de nombreux légumes. Mélangé à des légumes-racines, il donne une purée veloutée, idéale pour présenter le poulet pour la première fois.

50 g (2 oz) de poireau lavé et coupé en rondelles
1 c. à soupe d'huile végétale
75 g (3 oz) de poitrine de poulet, coupée en gros morceaux
200 g (7 oz) de pommes de terre pelées et coupées en dés
175 g (6 oz) de carottes pelées et coupées en rondelles
2 tomates italiennes pelées, égrenées et coupées en morceaux
250 ml (1 tasse) de bouillon de poulet sans sel

Faire sauter le poireau dans l'huile végétale jusqu'à ce qu'il soit fondant (environ 3 minutes). Ajouter le poulet jusqu'à ce qu'il soit bien saisi. Ajouter les pommes de terre, les carottes, les tomates et le bouillon de poulet. Porter à ébullition, réduire à feu moyen puis couvrir et laisser mijoter pendant 20 minutes. Réduire en purée au robot culinaire.

Purée de poulet fruité et de courge musquée

1 c. à soupe d'huile végétale
60 g (2 1/2 oz) d'oignon pelé et haché
120 g (1/4 de lb) de poitrine de poulet, coupée en gros morceaux
300 g (10 oz) de courge musquée pelée, égrenée et coupée en morceaux
300 ml (1 1/4 tasse) de bouillon de poulet sans sel
1 petite pomme pelée, évidée et coupée en morceaux

Chauffer l'huile dans une casserole et y faire revenir l'oignon jusqu'à ce qu'il soit fondant. Ajouter la poitrine de poulet et faire sauter de 3 à 4 minutes. Ajouter la courge et le bouillon, couvrir. Porter à ébullition et laisser mijoter pendant 10 minutes. Ajouter la pomme et faire cuire environ 10 minutes jusqu'à ce que le poulet soit bien cuit et la courge bien tendre. Réduire en purée selon la consistance souhaitée au robot culinaire.

 5 portions

SUPERALIMENTS

*Le **poulet** contient beaucoup de protéines et de vitamine B12 que l'on ne trouve pas dans les aliments d'origine végétale. Il renferme naturellement des matières grasses, nécessaires à l'énergie et à la croissance. Il est très important que les enfants entre l'âge de six et neuf mois mangent suffisamment de protéines et de façon régulière.*

 6 portions

SUPERALIMENTS

*La **courge musquée** est un aliment très agréable pour les bébés qui aiment son goût sucré. De plus, c'est une très bonne source de bêtacarotène, un antioxydant.*

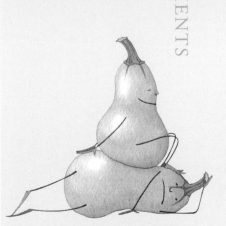

Purée de foies de volaille, de légumes et de pomme

110 g (1/4 de lb) de foies de volaille
25 g (1 oz) d'oignon pelé et haché
1 c. à soupe d'huile végétale
1 carotte moyenne pelée et coupée en rondelles
1 grosse pomme de terre pelée et coupée en dés
1/2 petite pomme pelée, évidée et coupée en morceaux
250 ml (1 tasse) de bouillon de poulet sans sel

Passer les foies de volaille sous l'eau et retirer le gras ou le cartilage puis couper en tranches. Faire sauter l'oignon dans l'huile végétale jusqu'à ce qu'il soit fondant. Ajouter le foie et le faire sauter (environ 1 minute). Ajouter les carottes, les pommes de terre, la pomme et le bouillon et laisser mijoter pendant 20 minutes. Réduire en purée au robot culinaire.

Bœuf en casserole

Dans cette recette, l'oignon et les carottes donnent au bœuf sa saveur si appétissante. La cuisson lente attendrit le bœuf et le rend délicieux.

1 oignon pelé et coupé en rondelles
1 1/2 c. à soupe d'huile végétale
225 g (1/2 lb) de bœuf à ragoût (épaule ou ronde), coupé en cubes
2 carottes pelées et coupées en rondelles
300 g (10 oz) de pommes de terre pelées et coupées en dés
1 c. à soupe de persil
500 ml (2 tasses) de bouillon de bœuf ou de poulet sans sel

Préchauffer le four à 150 °C/300 °F/Th 2. Dans une cocotte en fonte, faire revenir l'oignon dans l'huile végétale. Ajouter les cubes de bœuf et les faire brunir. Ajouter les carottes, les pommes de terre et le persil, verser le bouillon et porter à ébullition.

    Couvrir et cuire au four préchauffé environ 2 heures. Verser plus de bouillon au besoin. Réduire en purée jusqu'à la consistance souhaitée. Pour les bébés un peu plus âgés, couper en très petits morceaux.

Première purée de poisson

150 g (5 oz) de filets de plie (ou de limande), sans peau
Poivre en grains
1 feuille de laurier
Brins de persil
150 ml (5 oz) de lait
150 g (5 oz) de carottes pelées et coupées en rondelles
25 g (1 oz) de petits pois surgelés
15 g (1 c. à soupe) de beurre doux
1 c. à soupe de farine
25 g (1 oz) de cheddar râpé

Faire mijoter les filets de poisson dans une casserole avec le poivre, la feuille de laurier, le persil et le lait environ 5 minutes. Filtrer et réserver le liquide de cuisson (jeter les assaisonnements).

Faire bouillir les carottes dans 300 ml (1 1/4 tasse) d'eau bouillante à feu moyen pendant 15 minutes ; ajouter les petits pois et faire cuire pendant encore 5 minutes. Égoutter et réserver le liquide de cuisson.

Pour faire la sauce au fromage, faire fondre le beurre dans une casserole ; incorporer la farine et lier pour faire un roux. Graduellement, et en remuant constamment, verser le lait de cuisson du poisson. Porter à ébullition puis laisser épaissir à feu moyen (1 à 2 minutes). Retirer la casserole et incorporer le fromage râpé. Y mêler les légumes égouttés et les flocons de filet (s'assurer qu'il n'y a pas d'arêtes). Réduire en purée veloutée pour les jeunes bébés. Au besoin, ajouter du lait ou de l'eau de cuisson des légumes pour la liquéfier.

Purée de pommes de terre, poireaux, carottes et petits pois

25 g (1 1/2 c. à soupe) de beurre doux
60 g (2 oz) de poireau lavé et coupé en rondelles
175 g (6 oz) de pommes de terre, pelées et coupées en dés
1 carotte moyenne pelée et coupée en rondelles
300 ml (1 1/4 tasse) de bouillon de poulet ou de légumes sans sel
50 g (2 oz) de petits pois surgelés

Faire fondre le beurre dans une casserole et y faire revenir le poireau pendant 3 à 4 minutes. Ajouter les pommes de terre, la carotte et le bouillon de poulet. Porter à ébullition, réduire à feu moyen, couvrir et faire cuire pendant 10 minutes. Ajouter les petits pois surgelés et continuer à cuire jusqu'à ce que les légumes soient bien tendres (environ 6 minutes). Réduire en purée au robot culinaire.

 4 portions

Le **poisson** est une excellente source de protéines faibles en gras ; il est donc très important d'en encourager la consommation très tôt dans la vie du bébé. Je pense que la plie (limande) est le meilleur premier poisson à présenter à l'enfant car on peu en faire une purée veloutée. Dans cette recette, je l'ai accompagnée d'une sauce bien crémeuse et de légumes, c'est donc une excellente source de protéines, de calcium et de vitamines.

  4 portions

Les **pommes de terre** contiennent de la vitamine C et sont une très bonne source de potassium. Elles se mélangent très bien à d'autres légumes.

Manger mieux :
Pelez les pommes de terre juste avant de les faire cuire. Ne les faites pas tremper dans l'eau, sinon elles perdront toute leur teneur en vitamine C.

 6 portions

Chaudrée pour chérubins

On peut présenter cette chaudrée aux bébés pour qu'ils découvrent le goût du poisson.

50 g (2 oz) d'oignon pelé et haché
1 c. à soupe d'huile végétale
175 g (6 oz) de pommes de terre pelées et coupées en dés
50 g (2 oz) de carottes pelées et coupées en rondelles
375 ml (1 1/2 tasse) de bouillon de poulet, de poisson ou de légumes sans sel
150 g (5 oz) de filets de morue sans peau
25 g (1 oz) de petits pois surgelés
25 g (1 oz) de maïs sucré surgelé

Faire sauter l'oignon dans l'huile végétale jusqu'à ce qu'il soit translucide. Ajouter les pommes de terre, les carottes et le bouillon. Couvrir et laisser mijoter pendant 15 minutes. Ajouter le poisson coupé en gros morceaux et les autres légumes et faire cuire pendant 5 minutes. Réduire en purée avec autant de liquide de cuisson que nécessaire. Pour les bébés un peu plus âgés, écraser le poisson et les légumes à l'aide d'une fourchette, en ajoutant du liquide de cuisson si désiré.

Purée de légumes et de tomates au fromage

L'ajout de fromage râpé et de tomates fraîches à des légumes leur donne une saveur appétissante. Cette délicieuse purée contient de la vitamine C et du bêtacarotène.

2 grosses carottes (environ 220 g / 1/2 lb) pelées et coupées en rondelles
110 g (1/4 de lb) de bouquets de chou-fleur
Un bon morceau de beurre doux
3 tomates pelées, vidées et coupées grossièrement
75 g (3 oz) de cheddar râpé

Faire bouillir les carottes et les bouquets de chou-fleur dans l'eau bouillante ; couvrir et faire cuire environ 20 minutes. Pendant que les légumes cuisent, faire fondre le morceau de beurre et y faire sauter les tomates pendant environ 2 minutes jusqu'à ce qu'elles soient bien ramollies. Ajouter le fromage et remuer jusqu'à ce qu'il ait fondu. Ajouter les légumes dans la sauce tomate et bien remuer.

1 portion

  4 portions

SUPERALIMENTS
SUPERFOODS
SUPERALIMENTS

Purée de banane et de cerises

6 cerises bien mûres
1 petite banane
1 c. à café (à thé) de céréales de riz (facultatif)

Laver et équeuter les cerises et les recouvrir d'eau bouillante dans une petite casserole ; couvrir et laisser mijoter pendant 4 minutes. Laisser refroidir puis dénoyauter et passer au tamis pour enlever la peau. Écraser la banane et la mélanger aux cerises. Ajouter des céréales de riz au besoin.

Abricot, papaye et tofu

Lorsqu'il est accompagné de fruits et de légumes, le tofu permet de faire une purée onctueuse. Il y a deux sortes de tofu : le mou et le ferme.

110 g (1/4 de lb) d'abricots secs
1 grosse papaye d'environ 550 g (1 1/4 lb) égrenée, pelée et hachée
110 g (1/4 de lb) de tofu mou

Mettre les abricots dans une petite casserole avec 250 ml (1 tasse) d'eau bouillante. Couvrir et faire cuire jusqu'à ce qu'ils soient tendres (environ 5 minutes). Égoutter ; ajouter la papaye et le tofu et réduire en purée.

  2 portions

Purée de pomme, pêche et fraises

Cette purée est aussi délicieuse avec des céréales de riz ou une banane écrasée.

4 fraises
1 grosse pêche mûre et juteuse, pelée, dénoyautée et coupée en morceaux
1 pomme pelée, évidée et coupée en morceaux

Faire mijoter les fruits dans une petite casserole 4 à 5 minutes. Réduire en purée.

Purée de pomme, de poire, de pruneaux et avoine

On peut remplacer les pruneaux par des figues séchées, bien molles et prêtes à consommer.

2 c. à soupe de gruau d'avoine
4 c. à soupe de jus de pommes pur sans sucre
2 c. à soupe d'eau
1 petite pomme pelée, évidée et coupée en morceaux
2 pruneaux dénoyautés et hachés
1 petite poire mûre, pelée, évidée et coupée en morceaux

Mettre le gruau, le jus de pommes et l'eau dans une casserole, porter à ébullition et laisser mijoter pendant 2 minutes. Ajouter les morceaux de pomme, de poire et les pruneaux. Couvrir et laisser mijoter pendant 3 minutes, en remuant de temps à autre. Réduire en purée.

Gruau aux abricots et à la poire

Lorsque mes enfants étaient bébés, c'était leur petit-déjeuner préféré. Non seulement ce gruau est délicieux, mais il contient de nombreux nutriments. Les abricots secs sont une bonne source de bêtacarotène et de fer et contiennent également des fibres.

150 ml (2/3 de tasse) de lait
15 g (1/2 oz) de gruau d'avoine
6 abricots secs prêts à consommer, hachés
1 grosse poire bien mûre, pelée, évidée et coupée en morceaux

Mettre le lait, le gruau et les abricots hachés dans une petite casserole et porter à ébullition. Réduire à feu doux et laisser mijoter en remuant de temps à autre pendant 3 minutes. Ajouter les morceaux de poire et réduire en purée à l'aide d'un mélangeur manuel (mixeur-plongeur).

 *2 portions*

*Les **pruneaux** fournissent de l'énergie presque instantanément et sont riches en fibres et en fer. Laxatif naturel, ils aident à combattre la constipation.*

Manger mieux :
pour les enfants un peu plus âgés, un petit-déjeuner composé de pruneaux en conserve est tout indiqué.

 4 portions

*L'**avoine** stabilise le sucre dans le sang et fournit une énergie durable. Riche en fibres solubles, elle protège les parois extérieures des intestins et aide à réduire le taux de cholestérol.*

SUPERALIMENTS

De 9 à 12 mois :

en route vers l'autonomie

Votre bébé apprend à bien mâcher,

les aliments hachés ou écrasés peuvent

désormais remplacer les purées.

De nombreux bébés refusent d'être nourris

à la cuillère; les aliments que l'on peut

tenir à la main deviennent donc très

importants dans leur alimentation.

En avant!

De nombreux changements se produisent durant le dernier trimestre de la première année d'un bébé : il se met à ramper, et pourquoi pas, à marcher. Cette période marque un passage vers une plus grande autonomie, une nouvelle liberté qui plaira beaucoup au bébé. D'ailleurs, plusieurs refusent à ce moment-là d'être nourris à la cuillère et veulent se nourrir seuls. À mesure que sa coordination oculomanuelle s'améliore, le bébé découvrira qu'il lui est de plus en plus facile de se nourrir, c'est alors que les croque-en-doigts occuperont davantage de place dans son alimentation (voir page ci-contre).

Dès qu'il peut tenir une cuillère, encouragez-le à tenter des expériences. Bien sûr, au départ, ses expériences causeront quelques dégâts, mais les aliments finiront par atteindre la destination prévue. Plus vous permettrez à votre bébé de tenter des expériences, plus vite il apprendra à se nourrir seul. Il est important de l'encourager à jouer avec sa nourriture, même si les jeux sont salissants, cela permettra un développement plus rapide.

L'apprentissage de la mastication

Votre bébé a maintenant des dents, il est certainement dans une chaise haute ; présentez-lui des consistances un peu plus grossières pour l'encourager à mâcher. Il commencera à manger de plus en plus d'aliments solides, si bien qu'ils constitueront bientôt l'essentiel du repas. Il est également important de lui présenter une diversité d'aliments, essayez de lui offrir de nouvelles saveurs et consistances. Combinez des aliments écrasés, des aliments râpés, d'autres coupés en dés et d'autres encore, entiers. Il est étonnant de voir le travail qu'accomplissent quelques dents et de bonnes gencives.

Tétées et biberons

À mesure qu'il apprend à manger des aliments solides, le bébé boit moins de lait, mais il doit tout de même boire 500 à 800 ml (2 à 3 tasses) de lait maternel ou maternisé chaque jour. Continuez à l'allaiter ou à lui donner du lait maternisé ou de deuxième âge jusqu'à ce qu'il ait 12 mois ; la teneur en fer et en vitamine D du lait de vache est insuffisante. Le lait est très important pour la croissance des os et des dents. Le lait de vache peut accompagner les céréales, être utilisé dans une sauce au fromage ou offert sous forme de yogourt.

Si votre bébé a encore soif, donnez-lui de l'eau bouillie puis refroidie. Plus vite votre bébé apprendra à boire dans une timbale munie d'un embout, plus vite il deviendra autonome. Il y a plusieurs formes d'embout : ceux qui ressemblent à un bec verseur sont excellents pour franchir l'étape suivant le biberon. Visez à éliminer le biberon aux environs de 12 mois ; il vaut mieux alors donner le lait dans une timbale ou un gobelet. Si votre bébé a besoin d'être apaisé, allaitez-le ou donnez-lui un biberon juste avant qu'il n'aille dormir.

Quels aliments donner au bébé?

À l'exception des œufs crus ou légèrement cuits, des arachides, des noix entières, des crustacés et des fromages non pasteurisés, votre bébé devrait désormais être en mesure de manger la plupart des aliments. Entre 9 et 12 mois, votre bébé devrait manger tous les jours trois à quatre portions de féculents, trois à quatre portions de fruits et légumes, une portion au moins de viande, volaille ou poisson ou encore deux portions de protéines végétales (soja, petits pois, haricots, lentilles et beurre de noix sans morceaux) (voir la pyramide alimentaire, p. 15).

Vous pouvez également lui donner des céréales destinées aux adultes ; assurez-vous qu'elles sont faites de grains complets et faibles en sucre, p. ex. des Weetabix. Ajoutez-y des fruits frais ou secs coupés, ou des germes de blé grillés pour un petit-déjeuner nutritif. Les œufs sont aussi recommandés, mais ils doivent être vraiment bien cuits et durs.

À cet âge-là, son sommeil sera également plus régulier, ce qui permet de mieux planifier les heures de repas. Si c'est possible, approchez votre bébé de la table familiale pour qu'il mange avec les autres membres de la famille.

Manger mieux : *donnez à boire à votre bébé après qu'il a fini de manger ; s'il boit avant, il sera trop rapidement rassasié.*

Aliments sains à présenter à votre bébé

• Les féculents : pain, pâtes, riz, pommes de terre (de même consistance que pour les adultes).

• La viande rouge maigre ; c'est la meilleure source de fer.

• Les aliments riches en calcium comme le fromage, le yogourt (importants pour des dents et des os sains).

• Les œufs, une bonne source de protéines.

• Beaucoup de fruits et de légumes.

• L'alimentation des bébés doit comporter beaucoup de matières grasses et de produits laitiers énergisants ; donnez-lui donc des macaronis au fromage, des pommes de terre au four avec du fromage et des puddings au riz.

• Les poissons gras contiennent des acides gras essentiels, très sains. Préparez des galettes de saumon avec une purée de pommes de terre ou des galettes de sardines (n'enlevez pas les fines arêtes, réduisez-les plutôt en purée car elles contiennent beaucoup de calcium).

• Si votre enfant n'aime pas la viande rouge, remplacez-la par d'autres aliments riches en fer comme les céréales et le pain aux grains complets, les légumes verts feuillus et les légumineuses. Le corps assimile plus facilement le fer provenant des aliments d'origine animale, mais jumelé à de bonnes sources de vitamine C (p. ex. le kiwi, le jus d'orange) au cours du même repas, l'assimilation du fer n'en sera qu'améliorée.

Aliments à éviter

• Les noix entières.

• Le sel ou la sauce soja.

• Les édulcorants artificiels.

• Les fibres ajoutées sous forme de son car elles réduisent la capacité d'absorber le calcium, le zinc, le fer et autres vitamines et minéraux.

Si votre bébé s'étouffe

Si votre bébé s'étouffe, ne tentez pas de déloger la nourriture coincée, vous risqueriez de l'enfoncer encore plus dans la gorge. Mettez-le à plat ventre sur vos genoux, la tête plus basse que l'estomac et donnez-lui de vigoureuses tapes entre les omoplates pour décoincer l'aliment.

Les aliments que le bébé peut tenir à la main

À mesure que votre bébé grandit et qu'il devient plus habile de ses mains (vers huit mois environ), la présentation d'aliments croque-en-doigts lui permettra d'apprendre à mordre, à mâcher et à s'alimenter seul. Ceux-ci devraient être assez gros pour qu'il puisse les prendre et les tenir aisément ; il ne devrait pas y avoir de noyaux, de pépins ni d'os ou arêtes. Évitez par ailleurs les petits aliments entiers comme des raisins, votre enfant pourrait s'étouffer. Ce n'est pas parce que votre bébé a des dents qu'il sait comment mâcher. Les jeunes bébés ont plutôt tendance à mordre dans un aliment puis à tenter de l'avaler, risquant de s'étouffer (voir encadré ci-dessus). Ne laissez jamais un enfant manger seul.

D'abord, à mesure que votre enfant apprend à manger seul, une grande partie de son repas finira par terre. Au début, cela peut sembler amusant et charmant, mais cela peut devenir un gaspillage désolant. Pour l'éviter, on peut acheter un tapis en plastique et le poser sous la chaise haute pour que les aliments atterrissent sur une surface propre et soient recyclés. Le nettoyage n'en sera que facilité.

Astuce : *Les croque-en-doigts peuvent distraire votre enfant pendant que vous préparez son repas.*

Idées de croque-en-doigts

Un choix varié de croque-en-doigts permettra au bébé de s'habituer à mâcher différentes consistances d'aliments.

• Des bâtonnets de légumes, comme des carottes ou des panais. Les légumes crus sont parfois difficiles à mâcher ; cuisez-les légèrement à la vapeur ou faites-les cuire dans l'eau bouillante quelques minutes pour qu'ils soient croquants sans être durs. Une fois votre bébé habitué aux légumes croquants, présentez-lui des rondelles de concombre, et dès qu'il a plus de dents, présentez-lui des bâtonnets de carotte.

• Des fruits. Si votre bébé a des difficultés à les mâcher, donnez-lui des fruits mous, une banane, une pêche ou un kiwi.

• Des fruits secs, (abricots secs ou pommes séchées) très nutritifs.

• De nombreux bébés qui font leurs dents aiment mordre dans un aliment froid, apaisant pour les gencives. Essayez une banane mise au congélateur pendant 2 heures (avec la peau) ou un bâtonnet de concombre refroidi.

• De fines tranches de pain grillé sont plus faciles à tenir qu'un morceau de pain non grillé.

• Pour des croque-en-doigts amusants : découpez des sandwichs, du fromage ou de gros légumes en formes amusantes à l'aide d'emporte-pièces. On peut garnir les sandwichs de bananes écrasées, de fromage à la crème, de mayonnaise aux œufs (pasteurisée, sans jaune d'œuf cru), de tartinade aux légumes, de beurre d'arachide, de thon et mayonnaise ou de hoummos.

• Des pâtes fantaisie.

• Des galettes de riz.

• Des bâtonnets de fromage mou.

• De fines tranches de poulet ou de dinde ; des mini-boulettes de viande (poulet, dinde, agneau ou bœuf hachés).

Matériel

Lorsque le bébé atteint neuf mois, achetez des bols à ventouse et des timbales qui évitent les fuites. Un tapis en plastique posé sous la chaise haute permettra de recycler les aliments. Munissez-vous de deux bols pour nourrir votre bébé : un bol à ventouse qui lui permettra de s'amuser et l'autre duquel vous le nourrirez à la cuillère. Attendez-vous à des dégâts, mais tentez d'empêcher votre enfant de renverser son bol par terre. Un large bavoir facile à nettoyer protègera ses vêtements.

Astuce : *Ne vous attendez pas à ce que votre enfant, à cet âge, ait de bonnes manières. Il apprend à connaître les sensations que lui procure sa nourriture. Plus vous lui permettrez de faire des expériences avec les aliments, plus rapidement il apprendra à s'alimenter seul.*

Menus

Servez des puddings avec des fruits frais comme les bananes ou les pommes râpées, une purée de fruits et, de temps à autre, un autre dessert tel de la crème glacée, du yogourt ou du fromage blanc.

	MATIN	COLLATION DU MATIN	MIDI	GOÛTER DE L'APRÈS-MIDI	SOIR	NUIT
JOUR 1	*œufs brouillés et pain grillé yogourt*	*lait maternel ou maternisé*	*Spaghetti à la bolonaise (p. 85) fruit*	*lait maternel ou maternisé*	*Purée de pommes de terre, de carotte et de brocoli au gruyère (p. 74) fruit*	*lait maternel ou maternisé*
JOUR 2	*Gruau aux abricots et à la poire (p. 65) fruit*	*lait maternel ou maternisé*	*Orzo aux champignons et au fromage (p. 81) fromage frais*	*lait maternel ou maternisé*	*Délice d'œuf et de tomate dans une sauce au fromage (p. 78) Pêche fraîche melba (p. 85)*	*lait maternel ou maternisé*
JOUR 3	*céréales fruit*	*lait maternel ou maternisé*	*Couscous pour chérubins (p. 78) Pudding de riz à la confiture de fraises (p. 86)*	*lait maternel ou maternisé*	*Brocoli au fromage (p. 75) fruit*	*lait maternel ou maternisé*
JOUR 4	*Pain perdu (p. 86) fruit*	*lait maternel ou maternisé*	*Mini-pâtés chinois (hachis Parmentier) (p. 83) Première purée de fruits (p. 40)*	*lait maternel ou maternisé*	*Pâtes aux légumes (p. 80) Purée de poires et de fraises (p. 64)*	*lait maternel ou maternisé*
JOUR 5	*céréales Purée de poire, pomme et abricots (p. 46)*	*lait maternel ou maternisé*	*Boulettes de poulet (p. 84) fruit*	*lait maternel ou maternisé*	*Croque-en-doigts avec trempettes (p. 77) Pudding de riz à la confiture de fraises (p. 86)*	*lait maternel ou maternisé*
JOUR 6	*œufs brouillés et pain grillé fromage blanc*	*lait maternel ou maternisé*	*Risotto aux carottes, aux tomates et au fromage (p. 74) Pêche fraîche melba (p. 85)*	*lait maternel ou maternisé*	*Agneau en casserole (p. 84) fruit*	*lait maternel ou maternisé*
JOUR 7	*toast au beurre d'arachide (ou autre tartinade) fruit*	*lait maternel ou maternisé*	*Poulet et légumes au fromage (p. 80) fruit*	*lait maternel ou maternisé*	*Étoiles aux champignons et aux tomates (p. 75) yogourt*	*lait maternel ou maternisé*

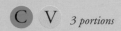

SUPERALIMENTS

*Le **gruyère** a un goût légèrement sucré qui plaît aux bébés. Le fromage est une source de bonnes calories, de protéines et de calcium.*

Manger mieux :

les légumes au goût très prononcé comme les épinards sont bons avec des pommes de terre.

Petites pâtes au gruyère, aux épinards et au maïs

Les épinards ont un goût très prononcé mais se marient bien à une sauce au fromage ; de plus, le maïs leur donne un goût sucré très apprécié. Choisissez n'importe quelles petites pâtes, telles que l'orzo, en forme de grain de riz.

3 c. à soupe d'orzo ou autres petites pâtes
15 g (1 c. à soupe) de beurre doux
1 c. à soupe de farine
150 ml (2/3 de tasse) de lait auquel votre bébé est habitué
40 g (1 1/2 oz) de gruyère râpé
85 g (3 oz) d'épinards frais (tiges dures retirées) ou 40 g (1 1/2 oz) d'épinards surgelés
40 g (1 1/2 oz) de maïs sucré surgelé, cuit

Cuire les pâtes selon les indications sur l'emballage. Faire fondre le beurre, ajouter la farine et cuire pendant 30 secondes. Verser le lait graduellement en fouettant pour faire une sauce blanche lisse. Porter à ébullition et laisser mijoter 1 à 2 minutes. Retirer du feu, incorporer le fromage en remuant pour le faire fondre. Mettre les épinards (lavés si frais) dans une casserole, verser un peu d'eau et faire cuire environ 3 minutes. Bien égoutter. Mélanger les épinards et la sauce au fromage ; passer au moulin puis incorporer les pâtes cuites et le maïs.

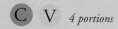

SUPERALIMENTS

*Les **épinards** sont riches en chlorophylle, le pigment vert des plantes, en bêtacarotène et en vitamine C ; ils sont excellents pour guérir l'anémie. Trop les cuire leur fera perdre leurs nutriments. En dépit des croyances populaires et de Popeye, les épinards ne sont pas une bonne source de fer.*

Épinards aux champignons et pommes de terre

1/2 petit oignon, pelé et haché
1 c. à soupe d'huile végétale
110 g (1/4 de lb) de champignons coupés en dés
250 g (9 oz) de pommes de terre pelées et coupées en dés
150 ml (2/3 de tasse) de bouillon de légumes sans sel
110 g (1/4 de lb) d'épinards frais (tiges dures retirées) ou 50 g (2 oz) d'épinards surgelés

Faire revenir l'oignon dans l'huile jusqu'à ce qu'il soit tendre. Ajouter les champignons et faire sauter de 2 à 3 minutes. Ajouter les pommes de terre et le bouillon de légumes. Porter à ébullition et réduire à feu doux ; couvrir et laisser mijoter pendant 10 minutes. Ajouter les épinards (bien lavés si frais) et faire cuire de 2 à 3 minutes. Écraser avec une fourchette ou réduire en purée au robot culinaire.

Purée de pommes de terre, de carotte et de brocoli au gruyère

Le fait d'écraser les légumes à la fourchette plutôt que les placer dans un mélangeur ou un robot est un bon moyen de présenter de nouvelles consistances à votre enfant. L'ajout de brocoli dans une purée crémeuse de pommes de terre au fromage encourage par ailleurs les enfants à manger davantage de légumes verts.

150 g (5 oz) de pommes de terre pelées et coupées en dés
1 carotte moyenne pelée et coupée en rondelles
60 g (1 1/2 oz) de brocoli en bouquets

60 ml (1/4 de tasse) de lait auquel votre bébé est habitué
Un bon morceau de beurre doux
25 g (1 oz) de gruyère

Faire cuire les pommes de terre et la carotte dans l'eau bouillante environ 20 minutes et le brocoli à la vapeur, environ 8 minutes, jusqu'à ce qu'ils soient bien tendres. Égoutter et écraser les légumes à la fourchette avec le lait, le beurre et le fromage.

Risotto aux carottes, aux tomates et au fromage

Les bébés et les tout-petits aiment le riz et les carottes; dans cette recette, j'ai ajouté des tomates sautées et du fromage fondu pour relever le goût; cela donne un repas délicieux. Le riz cuit est très mou, c'est donc une bonne façon de présenter à votre enfant une nouvelle consistance.

25 g (1 oz) d'oignon pelé et haché
15 g (1 c. à soupe) de beurre doux
110 g (1/2 tasse) de riz à grain long
150 g (5 oz) de carottes pelées et coupées en rondelles

300 ml (1 1/4 tasse) d'eau bouillante
3 tomates pelées, égrenées et coupées en petits morceaux
50 g (2 oz) de cheddar moyen

Faire fondre l'oignon dans la moitié du beurre. Incorporer le riz et bien l'enrober de beurre; ajouter la carotte. Verser l'eau bouillante et porter à ébullition. Couvrir et laisser mijoter à feu doux jusqu'à ce que le riz soit cuit et les carottes tendres (de 15 à 20 minutes). Ajouter de l'eau au besoin. Pendant que le riz et les carottes cuisent, faire fondre la deuxième moitié du beurre dans une petite casserole, ajouter les tomates et les faire ramollir 2 ou 3 minutes. Incorporer et faire fondre le fromage. L'eau du riz aura certainement été absorbée, sinon, égoutter. Verser le mélange tomates-fromage dans le riz cuit.

Étoiles aux champignons et aux tomates

L'ajout de petites pâtes à cette délicieuse sauce est une façon tout en douceur de présenter une nouvelle consistance d'aliments à votre enfant.

2 c. à soupe de petites pâtes en forme d'étoile ou autre
25 g (1 1/2 c. à soupe) de beurre doux
1/2 petite gousse d'ail
125 g (1/4 de lb) de champignons coupés en lamelles
3 tomates pelées, égrenées et coupées grossièrement
25 g (1 oz) de cheddar râpé

Cuire les pâtes selon les indications sur l'emballage. Faire revenir l'ail avec le beurre dans une casserole pendant environ 30 secondes. Ajouter les champignons et faire sauter pendant trois minutes. Ajouter les tomates ; couvrir et faire ramollir 3 à 4 minutes. Incorporer le fromage et le faire fondre. Réduire les légumes et le mélange au fromage en purée ; verser les pâtes et bien mélanger.

Brocoli à la sauce au fromage

Pour les bébés un peu plus âgés, cette recette peut servir de base à un repas : augmenter la quantité de lait à 300 ml (1 1/4 tasse), ajouter 20 g (3/4 oz) de gruyère de plus à la sauce et mélanger avec 40 g (1 1/2 oz) de petites pâtes fantaisie. On peut également remplacer le brocoli par du chou-fleur.

110 g (1/4 de lb) de bouquets de brocoli
20 g (1 1/2 c. à soupe) de beurre doux
20 g (2 1/2 c. à soupe) de farine
250 ml (1 tasse) de lait auquel le bébé est habitué
Une pincée de noix de muscade
25 g (1 oz) de cheddar râpé
25 g (1 oz) de gruyère râpé

Faire attendrir le brocoli à la vapeur environ 8 minutes ou le faire cuire dans l'eau bouillante jusqu'à ce qu'il soit tendre. Pendant ce temps, préparer la sauce au fromage : faire fondre le beurre dans une casserole, incorporer la farine et faire un roux. Verser graduellement le lait tout en remuant et ajouter la pincée de noix de muscade. Porter à ébullition puis réduire à feu doux et laisser mijoter pendant 2 minutes. Retirer la casserole ; incorporer faire fondre les fromages. Couper les bouquets de brocoli en petits morceaux et les mélanger à la sauce ou les réduire ensemble en purée.

 C V *3 portions*

*Les **tomates** contiennent du lycopène, un pigment puissant et important dans la prévention du cancer. Les hommes qui ont un taux élevé de lycopène dans leurs réserves de graisse ont deux fois moins de crises cardiaques que les autres.*

Le saviez-vous ? *Des recherches sont cours pour utiliser les tomates comme écran solaire. Les agents chimiques de la peau des tomates protègeraient des effets néfastes des rayons ultraviolets.*

 C V *3 portions*

*Le **brocoli** réduit le risque de cancer. Il des glucosinolates qui déclenchent la production d'enzymes anticancérigènes.*

SUPERALIMENTS

SUPERALIMENTS

Croque-en-doigts amusants avec trempettes

Dès que votre bébé est capable de tenir ses aliments, ceux qui se mangent avec les doigts deviendront ses favoris puisqu'ils lui permettent de se nourrir seul. Les fruits et légumes frais servis avec une délicieuse trempette sont appétissants et nutritifs. Voici trois de mes recettes préférées et chacune d'elles se trouve au sommet de l'échelle des Superaliments.

Trempette crémeuse à l'avocat

1/2 avocat bien mûr, écrasé
2 c. à soupe de fromage à la crème
1 tomate pelée, égrenée et coupée en morceaux
1 c. à café (à thé) de ciboulette hachée (facultatif)

Écraser l'avocat avec le fromage à la crème ; incorporer la tomate et la ciboulette.

Servir avec des bâtonnets de carotte ou de céleri, des rondelles de concombre ou des lamelles de poivron rouge cuits à la vapeur pour les jeunes bébés, crus pour les bébés plus âgés qui peuvent mâcher et avaler sans difficulté.

Trempette au fromage à la crème, à la tomate et à la ciboulette

50 g (2 oz) de fromage à la crème
3 c. à soupe de crème fraîche
1 c. à café (à thé) de ketchup aux tomates
1 tomate pelée, égrenée et coupée en morceaux
1 1/2 c. à café (à thé) de ciboulette hachée

Mélanger le fromage à la crème, la crème fraîche et le ketchup ; ajouter la tomate et la ciboulette.

Trempette au yogourt et aux framboises

110 g (1/4 de lb) de framboises fraîches ou surgelées
20 g (2 c. à soupe) de sucre glace
200 g (7 oz) de yogourt à la grecque

Réduire les framboises en purée ; passer au tamis et incorporer le sucre glace. Incorporer la purée de framboises au yogourt. Servir avec des fraises, de la poire, de la pomme et de la pêche.

 2 portions

*Les **framboises** sont riches en vitamine C, bénéfique à la croissance, à la peau, aux os et aux dents. Elle permet aussi de mieux assimiler le fer des aliments. Les framboises contiennent plus d'acide folique et de zinc que la plupart des fruits.*

*L'**avocat**, parfois considéré comme un légume, est un fruit et contient plus de nutriments que tous les autres. Sa teneur protéinique est plus élevée et il est riche en gras monoinsaturé, le « bon gras » qui protège le coeur. La teneur calorique élevée de l'avocat en fait un bon aliment pour les enfants en pleine croissance.*

*Les **tomates** sont riches en lycopène (voir p. 75) et en potassium, minéral important qui contrecarre les effets négatifs du sel. Une alimentation riche en fruits et en légumes, y compris en tomates, est bénéfique pour la santé.*

Délice d'œuf et de tomate dans une sauce au fromage

Les œufs sont riches en protéines, en vitamines et en minéraux ; le jaune d'œuf est une bonne source de fer, important pour le développement du cerveau. Ne pas donner d'œufs crus ou légèrement cuits à un bébé ou à un jeune enfant en raison des risques de salmonellose. Pour les bébés de moins de 12 mois, le blanc et le jaune d'œuf doivent être durs.

1 œuf frais
Un bon morceau de beurre doux
1 tomate pelée, égrenée et coupée grossièrement
15 g (1/2 oz) de cheddar râpé

Placer l'œuf dans une petite casserole ; couvrir d'eau et porter à ébullition. Le blanc et le jaune d'œuf doivent être bien cuits (environ 10 minutes). Faire fondre le beurre dans une petite casserole. Y mettre la tomate et la faire ramollir environ 2 minutes. Retirer du feu et incorporer et faire fondre le fromage. Écaler et écraser l'œuf à la fourchette. Mélanger avec la tomate et le fromage.

Couscous pour chérubins

250 ml (1 tasse) de bouillon de poulet sans sel
110 g (1/4 de lb) de couscous
15 g (1 c. à soupe) de beurre doux
25 g (1 oz) d'oignon pelé et haché
50 g (2 oz) de courgette, lavée et coupée en dés
2 tomates pelées, égrenées et coupées en morceaux
50 g (2 oz) de poulet cuit, coupé en dés

Porter le bouillon à ébullition, verser sur le couscous et remuer à la fourchette. Laisser reposer pendant 6 minutes ; le bouillon sera absorbé. Pendant ce temps, faire revenir l'oignon dans le beurre dans une casserole pendant 2 minutes. Ajouter la courgette et la faire sauter pendant environ 4 minutes. Ajouter les tomates et faire cuire 1 minute. À l'aide d'une fourchette, remuer le couscous ; ajouter les légumes et le poulet.

Poulet et légumes au fromage

Des légumes finement coupés et une sauce au fromage donnent une consistance facile à avaler à ce repas. Si vous n'avez pas de poulet cuit sous la main, faites pocher 50 g (2 oz) de poulet cru dans du bouillon pendant 10 minutes. On peut également remplacer le poulet par du poisson.

50 g (2 oz) de bouquets de brocoli
50 g (2 oz) de carottes, pelées et coupées en dés
25 g (1 1/2 c. soupe) de beurre doux
15 g (2 c. à soupe) de farine
250 ml (1 tasse) de lait auquel le bébé est habitué
40 g (1 1/2 oz) d'édam ou de cheddar râpé
50 g (2 oz) de poulet cuit, coupé en dés

Faire cuire le brocoli et les carottes jusqu'à ce qu'ils soient tendres. Couper le brocoli en petits morceaux, et les carottes en dés. Pour la sauce au fromage, faire fondre le beurre dans une casserole, incorporer la farine et faire cuire pendant 1 minute tout en remuant. Verser graduellement le lait, porter à ébullition et faire épaissir. Retirer du feu, incorporer et faire fondre le fromage. Incorporer le poulet cuit et les légumes, et bien remuer. Pour les jeunes bébés, réduire en purée au mélangeur pour obtenir la consistance désirée.

Pâtes aux légumes

Faites cuire les légumes de votre choix dans cette recette simple et délicieuse, rapide à préparer. Essayez des petits pois, du maïs sucré ou des tomates.

75 g (3 oz) d'orzo ou autres petites pâtes fantaisie
50 g (2 oz) de carottes pelées et coupées en dés
50 g (2 oz) de courgette lavée et coupée en dés
50 g (2 oz) de bouquets de brocoli, coupés en petits morceaux
25 g (1 1/2 c. à soupe) de beurre doux
25 g (1 oz) de cheddar râpé

Faire cuire les pâtes et les carottes dans une casserole d'eau bouillante pendant 5 minutes. Ajouter le brocoli et la courgette et faire cuire 7 minutes de plus. Faire fondre le beurre dans une casserole, et y verser les pâtes et les légumes égouttés. Bien mélanger avec le beurre ; incorporer et faire fondre le fromage.

Orzo aux champignons et à la sauce au fromage

175 g (6 oz) d'orzo ou autres petites pâtes fantaisie
25 g (1 oz) d'oignon pelé et haché
25 g (1 oz) de poivron rouge égrené et coupé en dés
1 c. à soupe d'huile d'olive
85 g (3 oz) de champignons coupés en dés
20 g (1 1/2 c. à soupe) de beurre doux
1 c. à soupe de farine
175 ml (3/4 de tasse) de lait auquel le bébé est habitué
20 g (3/4 oz) de parmesan râpé

Faire cuire l'orzo dans l'eau bouillante, tel qu'indiqué sur l'emballage et égoutter. Pendant ce temps, faire sauter l'oignon et le poivron rouge dans l'huile d'olive environ 5 minutes. Ajouter les champignons et faire sauter de 2 à 3 minutes.

Pour la sauce au fromage, faire fondre le beurre dans une petite casserole et incorporer la farine pour faire un roux. Verser graduellement le lait tout en remuant à feu moyen jusqu'à ce que la sauce ait épaissi et incorporer le fromage. Mélanger l'orzo, les légumes et la sauce au fromage et servir.

Risotto à la courge musquée

Le riz cuit accompagné de légumes est une bonne façon de présenter une nouvelle consistance à votre enfant. Riche en vitamine A, la courge musquée est offerte dans la plupart des supermarchés, mais vous pouvez la remplacer par de la citrouille.

50 g (2 oz) d'oignon haché
25 g (1 1/2 c. à soupe) de beurre
110 g (1/2 tasse) de riz basmati
150 g (5 oz) de courge musquée pelée et coupée en morceaux
450 ml (1 3/4 tasse) d'eau bouillante
3 tomates bien mûres pelées, égrenées et coupées en morceaux
50 g (2 oz) de cheddar râpé

Faire attendrir l'oignon dans la moitié du beurre. Incorporer le riz et bien l'enrober. Verser l'eau bouillante, couvrir et faire cuire pendant 8 minutes à feu élevé. Incorporer la courge ; couvrir et faire mijoter à feu moyen pendant 12 minutes, jusqu'à ce que le riz ait absorbé toute l'eau.

Pendant ce temps, faire fondre le reste du beurre dans une petite casserole, ajouter la tomate et faire sauter de 2 à 3 minutes. Incorporer le fromage et bien mélanger.

 V *5 portions*

*Le **fromage** est idéal pour les enfants. C'est une excellente source de protéines et de calcium, très importants pour des dents et des os solides.*

Manger mieux :
pour les enfants un peu plus âgés, vous pourriez saupoudrer le plat de parmesan.

 4 portions

*La **courge** est riche en bêtacarotène, la forme végétale de la vitamine A qui protège du cancer et stimule le système immunitaire de l'enfant.*

SUPERALIMENTS

SUPERALIMENTS

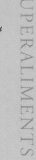

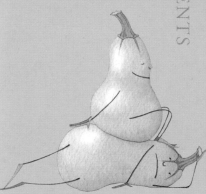

Mini-pâté chinois (hachis Parmentier)

Le bœuf haché et une purée crémeuse de pommes de terre rendent ce plat velouté, facile à avaler. On peut marier les pommes de terre aux carottes ou aux panais : dans les deux cas, c'est délicieux. Pour les bébés de moins de neuf mois, réduire la viande hachée en purée avant de la mélanger à la purée de pommes de terre.

300 g (10 oz) de pommes de terre pelées et coupées en dés
110 g (1/4 de lb) de carottes pelées et coupées en rondelles
1 c. à soupe d'huile végétale
25 g (1 oz) d'oignon pelé et haché
110 g (1/4 de lb) de bœuf ou d'agneau haché sans gras
1 tomate pelée, égrenée et coupée en morceaux
1 c. à café (à thé) de ketchup aux tomates
150 ml (2/3 de tasse) de bouillon de poulet sans sel
15 g (1 c. à soupe) de beurre doux
2 c. à soupe de lait auquel le bébé est habitué

Faire cuire les pommes de terre et les carottes dans une casserole d'eau bouillante jusqu'à ce que les légumes soient tendres (environ 20 minutes). Pendant ce temps, faire chauffer l'huile dans une petite casserole et y faire fondre l'oignon. Ajouter la viande hachée et faire brunir, en remuant de temps à autre. Ajouter la tomate, le ketchup et le bouillon de légumes. Couvrir et porter à ébullition. Réduire à feu doux et laisser mijoter pendant 20 minutes. Une fois les pommes de terre et les carottes cuites, les égoutter et les remettre dans la casserole avec le lait et le beurre. Écraser les légumes à l'aide d'un pilon jusqu'à l'obtention d'une consistance crémeuse. Mélanger la viande hachée avec les pommes de terre et les carottes écrasées.

Pour les bébés plus jeunes, réduire la viande hachée en purée au robot culinaire avant de la mélanger aux pommes de terre et aux carottes. Quand votre bébé a grandi, faites des portions individuelles que vous décorerez avec des légumes.

*La **viande rouge** est une excellente source de fer. L'accompagner de légumes feuillus vert foncé ou de pain complet favorisera l'assimilation du fer.*

SUPERALIMENTS

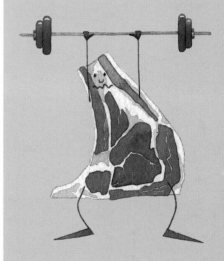

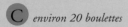

Boulettes de poulet

Ces boulettes délicieuses peuvent se manger avec les doigts.

1 oignon haché finement
50 g (2 oz) de carotte râpée
1 c. à soupe d'huile d'olive
1 grosse pomme Granny Smith, pelée et râpée
350 g (3/4 de lb) de poitrines de poulet coupées en morceaux
1 c. à soupe de persil
1 c. à café (à thé) de thym frais ou 1/2 c. à café (à thé) de thym séché (facultatif)
50 g (2 oz) de chapelure blanche fraîche
1 cube de bouillon de poulet émietté
Farine pour paner le poulet
Huile végétale pour la friture

Chauffer l'huile dans une poêle et y faire revenir la moitié de l'oignon et la carotte râpée pendant 3 minutes et remuant de temps à autre. Exprimer l'excès de liquide de la pomme râpée en la pressant entre les mains. Mélanger la pomme, le poulet, l'oignon et la carotte avec l'oignon cru, le persil et le thym (si utilisé), la chapelure et le cube de bouillon émietté. Hacher le tout grossièrement au robot culinaire. Saler et poivrer.

Former environ 20 boulettes; les rouler dans la farine et faire frire dans une poêle peu profonde jusqu'à ce qu'elles soient cuites et bien dorées (environ 4 à 5 minutes).

Agneau en casserole

L'agneau en casserole accompagné de légumes et arrosé de bouillon fait de ce plat un repas bien tendre et juteux pour votre bébé.

2 côtelettes d'agneau
1/2 petit oignon pelé et haché
200 g (7 oz) de pommes de terre pelées et coupées en dés
110 g (1/4 de lb) de carottes pelées et coupées en rondelles
2 tomates pelées, égrenées et coupées en morceaux
125 ml (1 tasse) de bouillon de poulet sans sel

Préchauffer le four à 180°C/350°F/Th 4. Mettre les côtelettes, les légumes et le bouillon dans une petite casserole, couvrir et faire cuire jusqu'à ce que l'agneau soit tendre (environ 1 heure). Couper en petits morceaux ou réduire en purée pour les jeunes bébés.

Spaghetti à la bolonaise de bébé

Ce n'est pas tant le goût de la viande rouge que les bébés n'aiment pas que sa consistance. Ici, elle est passée au mélangeur pour être plus facile à mâcher et mélangée ensuite à des pâtes bien molles.

1 c. à soupe d'huile végétale
25 g (1 oz) d'oignon pelé et finement haché
15 g (1/2 oz) de céleri coupé en petits morceaux
25 g (1 oz) de carotte finement râpée
115 g (1/4 de lb) de bœuf haché maigre
1 c. à soupe de ketchup aux tomates
2 tomates pelées, égrenées et coupées en morceaux
90 ml (1/3 de tasse) de bouillon de poulet sans sel
40 g (1 1/2 oz) de spaghettis

Faire revenir l'oignon et le céleri dans l'huile pendant 3 à 4 minutes. Ajouter la carotte et faire cuire 2 minutes de plus. Ajouter la viande hachée et la faire brunir. Ajouter le ketchup, les tomates et le bouillon. Porter à ébullition, couvrir et cuire à feu moyen jusqu'à ce que la viande soit bien cuite. Pendant ce temps, faire cuire les spaghettis, les égoutter et les couper. Réduire la sauce bolonaise en purée au robot culinaire jusqu'à ce que sa consistance soit moyennement liquide avant de la verser sur les pâtes.

Pêche fraîche melba

Ce coulis de framboises est délicieux avec des fraises fraîches.

110 g (1/4 de lb) de framboises fraîches ou surgelées, décongelées
1 c. à soupe de sucre glace
2 boules de crème glacée à la vanille
2 pêches bien mûres, pelées, dénoyautées et coupées en tranches

Réduire les framboises en purée au robot culinaire ; passer au tamis pour enlever les graines. Incorporer et bien dissoudre le sucre glace. Placer la crème glacée et les pêches dans un ramequin ; arroser du coulis aux framboises.

 5 portions

*À l'exception des fibres, la **viande rouge** contient tous les nutriments indispensables à l'enfant. C'est une excellente source de fer. La carence en fer est la plus fréquente chez les jeunes enfants et peut entraîner l'anémie, une maladie grave. Le bébé a hérité de sa mère des réserves de fer qui s'épuiseront vers l'âge de six mois ; il est donc important d'inclure dans son alimentation des aliments riches en fer.*

SUPERALIMENTS

2 portions

*Les **framboises** surgelées sont tout aussi nutritives que les framboises fraîches. Elles permettent de résister aux cellules cancéreuses ; en fait, elles empêchent leur croissance en raison de l'acide ellagique qu'elles contiennent, un agent anticancérigène bien connu.*

SUPERALIMENTS

Pudding au riz à la confiture de fraises

Le secret d'un bon pudding au riz? Le faire cuire longtemps et lentement. Ajoutez-y des fruits cuits comme des prunes à la vapeur ou des morceaux de fruits secs, des mangues à moitié séchées ou des abricots secs, que l'on peut cuire en même temps que le riz.

50 g (1/4 de tasse) de riz à pudding
600 ml (2 1/3 tasses) de lait auquel le bébé est habitué
1/4 de c. à café (à thé) d'essence de vanille
20 g (1 1/2 c. à soupe) de sucre
Un bon morceau de beurre doux
Confiture de fraises

Préchauffer le four à 150°C/ 300°F/ Th 2. Mettre le riz, le lait, la vanille et le sucre dans un plat huilé allant au four et bien remuer. Parsemer de petits morceaux de beurre. Faire cuire pendant 30 minutes puis remuer le riz. Continuer à faire cuire jusqu'à ce que le riz soit tendre (de 1 à 1 h 30). Retirer du four et servir dans de petits bols individuels garnis de confiture de fraises.

Pain perdu

1 ou 2 tranches de pain blanc, de pain aux raisins ou de pain italien
Tartinade aux légumes (facultatif)
1 œuf
2 c. à soupe de lait complet
Un bon morceau de beurre doux, et un peu d'huile végétale
Sucre ou cannelle (facultatif)

Si vous utilisez du pain de mie, couper la croûte et trancher ou couper en triangles. Si vous préférez la version salée du pain perdu, étalez un peu de tartinade aux légumes sur le pain.

Battre l'œuf et le lait et y faire tremper le pain pendant quelques secondes. Égoutter sur du papier absorbant.

Faire chauffer le beurre et l'huile dans une poêle et faire frire jusqu'à ce que les 2 côtés soient dorés.

Pour une version sucrée, ajouter un peu de sucre ou une pincée de cannelle au mélange d'œuf et de lait et saupoudrez de sucre les tranches de pain cuites.

De 1 à 2 ans :

à l'aventure !

À partir d'un an, le bambin consommera

davantage d'aliments solides et moins de lait.

Essayez de lui présenter une grande diversité

d'aliments, de façon attrayante

et encouragez-le à se nourrir seul.

L'énergie du petit-déjeuner

Le vieil adage *Pour bien se porter, il faut manger comme un roi le matin, comme un prince à midi et comme un mendiant le soir* ne ment pas. Et pourtant, près de 17 % d'enfants se rendent à l'école le matin sans avoir mangé. Le premier repas de la journée est le plus important puisque votre enfant aura jeûné pendant au moins 12 heures. Peu de temps avant le réveil, notre corps libère du glucose pour nous permettre de nous lever. Une fois l'enfant debout, le glucose doit être remplacé par de la nourriture pour relancer l'activité du cerveau. Il est important d'augmenter le taux de sucre dans le sang – le carburant du cerveau –, en prenant un bon petit-déjeuner ; le rendement de votre enfant en dépend. Des travaux de recherche montrent que les enfants qui prennent un petit-déjeuner équilibré et nutritif travaillent plus vite, font beaucoup moins d'erreurs lorsqu'ils exécutent des tâches nécessitant une attention soutenue, ont davantage d'endurance physique et semblent moins fatigués. Par ailleurs, d'autres études montrent que les écoliers qui prennent un bon petit-déjeuner, non seulement sont plus concentrés, mais retiennent également mieux ce qu'ils ont appris.

Il n'est pas nécessaire d'obtenir les témoignages de scientifiques pour savoir qu'il n'est pas facile de se concentrer sur un travail intellectuel lorsqu'on a l'estomac dans les talons. Le petit-déjeuner donne le ton à une saine alimentation au cours de la journée et si votre enfant le saute, il finira par avoir envie d'aliments sucrés en fin de matinée parce que son corps exigera du glucose très rapidement. Ce repas est idéal pour vous assurer que votre enfant avale des aliments sains et énergisants parce que vous êtes en mesure de décider ce qu'il va manger, ce qui n'est pas toujours le cas à midi. Je vous propose ici quelques-uns de mes délicieux petits-déjeuners.

Petits-déjeuners stimulants et énergisants

Les enfants sont très actifs et ils grandissent rapidement. C'est pourquoi leurs besoins énergétiques et nutritifs sont très élevés. Il est donc important que la teneur en fibres de leur alimentation ne soit pas trop élevée ni que sa teneur en matières grasses ne soit pas trop faible parce qu'en effet, votre enfant pourrait se sentir rassasié trop vite, avant que ses besoins nutritifs ne soient comblés. Il est préférable de lui donner du lait et des produits laitiers complets et de réduire la quantité de céréales à teneur élevée en fibres.

Il est particulièrement important de se rappeler que les très jeunes enfants ont un très petit estomac qui se remplit très vite. Leur alimentation doit donc être constituée d'autant de nutriments que possible : une tranche de pain grillé avec du beurre d'arachide, un yogourt ou un morceau de fromage et un jus de fruit sont autant de choix de petits-déjeuners copieux pour les tout-petits. Les œufs sont aussi excellents le matin et on peut les apprêter de différentes façons. Des haricots au four sur du pain grillé sont une autre façon simple de bien commencer la journée.

Il est essentiel que les enfants qui grandissent obtiennent les nutriments nécessaires à leur croissance, notamment le fer et le calcium. Les enfants qui prennent un bon petit-déjeuner ont moins de risques de souffrir de carences alimentaires. Après tout, un simple bol de céréales et de lait fournit à la fois le fer et le calcium.

Pour qu'il fournisse le maximum d'énergie et de stimulation intellectuelle tout au long de la matinée, un bon petit-déjeuner devrait idéalement comprendre un aliment de chacun de ces groupes :

- Des glucides complexes : céréales et pain
- Des protéines : œufs et noix
- Des vitamines et des minéraux : fruits (des légumes de temps à autre, dans une omelette par exemple)

Le calcium

Essayez d'inclure chaque jour un aliment riche en calcium au petit-déjeuner (voir Menus, p. 93). Votre enfant doit obtenir une bonne dose de calcium pour que ses os se développent bien et soient solides, particulièrement au cours de la petite enfance, mais aussi pendant son adolescence, période de croissance rapide. Le calcium est également essentiel pour le développement des dents, il en fait d'ailleurs partie intégrante. Dans notre alimentation, le lait et les produits laitiers sont les principales sources de calcium (voir aussi p. 14).

Les œufs

Les œufs sont riches en nutriments essentiels dont la plupart sont concentrés dans le jaune d'œuf : matières grasses, vitamines, minéraux et acide folique. Les œufs sont aussi une bonne source de fer.

Les très jeunes enfants ne devraient pas consommer d'œufs crus ou légèrement cuits en raison du risque de salmonellose. Les œufs frais contiennent moins de bactéries que les œufs pondus depuis plus longtemps ; essayez donc de vous procurer des œufs dont la boîte indique la date de pondaison.

L'importance du fer

La carence en fer est l'une des plus fréquentes chez les jeunes enfants. Des études récentes montrent que l'apport en fer d'un bébé sur cinq, âgé entre 10 et 12 mois, est inférieur au taux recommandé. La fatigue et le manque de concentration sont les deux principaux symptômes d'une carence en fer. Les céréales enrichies et le pain complet sont de bonnes sources de fer. Cependant, pour améliorer l'assimilation du fer, il est recommandé d'inclure dans le petit-déjeuner des fruits riches en vitamine C, le kiwi ou les petits fruits, ou encore des jus de fruits riches en vitamine C, le jus d'orange ou de canneberges (voir aussi p. 17).

Le pain et les céréales

Pour démarrer la journée en santé, rien de tel qu'un bol de céréales, mais il vous faut bien les choisir. De très nombreuses céréales destinées aux enfants, aux emballages attrayants et colorés, sont très raffinées et ont perdu la plus grande partie de leurs nutriments essentiels. Ne vous laissez pas induire en erreur par les allégations selon lesquelles elles sont enrichies de vitamines et de minéraux : davantage de nutriments en ont été retirés qu'ajoutés. Par ailleurs, elles contiennent beaucoup trop de sucre (parfois jusqu'à 50 %). Non seulement elles nuisent aux dents, mais la quantité importante de sucre qu'elles contiennent fait fluctuer sans arrêt le taux de sucre dans le sang, rendant l'enfant fatigué et apathique.

Les enfants devraient manger des céréales complètes comme du muesli, du gruau et du pain complet ou au blé entier, mais si votre enfant n'aime que les céréales sucrées, il obtient tout de même le calcium du lait qui les accompagne (elles contiennent beaucoup de glucides). Mélanger des céréales sucrées et des céréales complètes serait un compromis satisfaisant. Il est

> **Manger mieux** : *les bébés d'un an qui sont potelés maigrissent dès qu'ils commencent à marcher..*

également possible d'augmenter la valeur nutritive d'un bol de céréales en y ajoutant des fruits frais ou secs ou en y versant des germes de blé.

Les fruits

Le petit-déjeuner est une bonne occasion de manger des fruits frais faisant partie des cinq portions quotidiennes de fruits et légumes recommandées. Divers fruits contiennent diverses vitamines, il est donc conseillé d'offrir différents fruits à votre enfant. Trouvez des façons originales de les présenter : salade de fruits aux deux couleurs ou servez un kiwi coupé en deux, en cocotier, pour que votre enfant puisse le manger à la cuillère. Pour encourager votre enfant à manger plus de fruits, préparez des laits fouettés fruités, ou des boissons fouettées à base de mangue, de fraises, de banane et de jus d'orange fraîchement pressé, un mélange délicieux !

Aider les enfants difficiles

Les bébés grandissent plus vite au cours de la première année qu'à n'importe quelle autre période de leur vie. Toutefois, au bout de douze mois, la croissance et le poids ralentissent. Il n'est donc pas surprenant que de nombreux enfants qui jusqu'à présent mangeaient bien deviennent de plus en plus difficiles ; lors de la deuxième année, l'enfant utilise l'alimentation pour affirmer son indépendance.

Une fois que votre enfant commence à marcher et à se déplacer tout seul, son environnement devient de plus en plus intéressant. Il est alors normal que de nombreux jeunes enfants ne s'intéressent plus tellement à leur nourriture, et qu'ils préfèrent jouer et courir. Si les habitudes alimentaires de votre enfant deviennent de plus en plus extravagantes, restez calme. La nourriture ne devrait pas servir à se faire obéir. Si votre enfant refuse de manger, ne vous énervez pas, laissez son assiette devant lui et continuez votre repas. Il se rendra vite compte que refuser de manger n'est pas tellement amusant quand il n'obtient pas l'attention qu'il recherche. Il faut être ferme et cohérent et agrémenter l'heure des repas. Présentez à votre bébé une vaste gamme d'aliments ; à son âge, ses goûts se seront certainement affinés. Permettez-lui de goûter à des aliments qui sont dans votre assiette ; celle de quelqu'un d'autre lui semble parfois plus intéressante que la sienne. Lorsqu'il goûte un nouvel aliment, félicitez-le.

Le lait

À douze mois, les enfants peuvent passer du lait maternel ou maternisé au lait de vache complet. Le fer présent dans le lait maternel est facilement assimilable ; les laits maternisés en contiennent aussi une bonne quantité. Par contre, le lait de vache n'est pas une source satisfaisante de fer et peut aussi en freiner l'assimilation s'il fait partie du repas ; assurez-vous donc que votre enfant obtient le fer dont il a besoin ailleurs (voir p. 17).

À partir de douze mois, votre enfant a besoin d'environ 400 ml (1 2/3 tasse) de lait par jour. Donnez-lui du lait complet ; il ne faut pas lui donner de lait semi-écrémé avant l'âge de deux ans, car il ne contient pas beaucoup d'éléments énergisants nécessaires à sa croissance. Pour les enfants très difficiles, vous pouvez continuer à offrir un lait de deuxième âge (enrichi de vitamines et de fer) jusqu'à ce qu'ils aient deux ans. On peut remplacer le lait par des yogourts, du fromage blanc ou des fromages pasteurisés, ou l'intégrer à des recettes comme un gratin de chou-fleur ou un pudding au riz.

La cuisine familiale

La vie est bien trop courte pour préparer plusieurs plats destinés à différents membres de la famille. À cet âge, les jeunes enfants peuvent manger presque la même chose que les adultes, à l'exception des noix entières, des fromages mous non pasteurisés et des œufs légèrement cuits ou crus. Passez donc en revue les habitudes alimentaires de la famille afin d'établir un modèle sain d'alimentation très tôt dans la vie de l'enfant. Déjà à trois ou quatre ans, l'enfant sait avec certitude ce qu'il aime et ce qu'il n'aime pas. S'il mange régulièrement avec les autres membres de la famille et qu'il les voit apprécier une vaste gamme d'aliments, tant mieux !

La présentation attrayante des aliments jouera certainement un rôle dans leur appréciation. Les couleurs vives et les formes surprenantes peuvent aider à stimuler l'appétit récalcitrant de votre enfant. Si vous préparez une recette pour toute la famille, un pâté chinois (hachis Parmentier) par exemple, il est bien plus agréable d'en préparer des portions individuelles dans des rame-quins plutôt que d'en mettre une bonne cuillerée dans l'assiette de l'enfant. Planifiez les repas à l'avance et préparez plusieurs petites portions à congeler qui serviront à d'autres repas. La plupart des recettes que je vous propose peuvent facilement être congelées, elles sont indiquées par la lettre C dans la marge correspondant à la recette.

Menus

	MATIN	MIDI	SOIR
JOUR 1	céréales Smoothie à la pêche melba (p. 111)	Riz facile (p. 106) Sucettes glacées à la pêche, à la fraise et à la framboise (p. 108)	Crème de tomates maison (p. 94) pomme de terre au four fruit
JOUR 2	Pain perdu (p. 86) fruit	Spaghettis à la bolonaise de bébé (p. 104) fruit	Lapins à croquer (p. 94) yogourt avec du miel
JOUR 3	gruau yogourt	« Risotto » d'orzo aux légumes (p. 96) fruit et crème glacée	mini-pâté au poisson (p. 105) légumes fruit
JOUR 4	œufs brouillés et pain grillé fruit	Boulettes de viande à la sauce aigre-douce (p. 102) et Riz frit (p. 123) Sucettes glacées aux litchis (p. 108)	Riz brun aux lentilles (p. 97) Fruits amusants (p. 108)
JOUR 5	céréales Smoothie à la pêche melba (p. 111)	Brochettes de poulet mariné (p. 101) riz et légumes Crème brûlée aux fruits d'été (p. 111)	Pâtes à la sauce tomate aux légumes invisibles (p. 99) fruit
JOUR 6	fromage sur pain grillé fruit	Filet de poisson aux fines herbes (p. 104) avec légumes et frites fruit	Soupe de carottes et pois cassés jaunes (p. 96) pomme de terre au four Pêche fraîche melba (p. 85)
JOUR 7	œufs brouillés et pain grillé fruit	Saucisses aux courgettes et au fromage (p. 100) fruit	Poulet aux carottes allumettes (p. 100) Sucette glacée à la pêche, à la fraise et à la framboise (p. 108)

L'alimentation de votre enfant doit inclure trois portions quotidiennes de produits laitiers, p. ex. du fromage, du yogourt ou une boisson au lait.

2 muffins

*La teneur en graisses saturées du **fromage** est très élevée ; pas très recommandé pour les adultes, mais parfait pour les enfants. Le fromage est également une bonne source de riboflavine (vitamine B2), essentielle pour convertir les protéines, les matières grasses et les glucides en énergie. Pour les végétariens, le fromage est une bonne source de vitamine B12.*

  5 portions

*Les **tomates** sont une excellente source de lycopène, un pigment aux propriétés antioxydantes qui permet de se protéger contre le cancer et les maladies du cœur. Toutefois, le corps absorbe plus efficacement le lycopène des tomates si elles ont été cuites dans un peu d'huile*

Lapins à croquer

Un bon morceau de beurre
1 ciboule finement hachée
50 g (2 oz) de cheddar râpé
1 muffin au blé complet coupé en deux
1 c. à soupe de sauce à la tomate de bonne qualité

POUR LA DÉCORATION
1 carotte
1 olive noire
Des petits pois surgelés
Des grains de maïs sucré
Du cresson

Préchauffer le gril du four. Faire revenir la ciboule dans le beurre jusqu'à ce qu'elle soit fondante. Incorporer le fromage râpé et le faire fondre. Faire griller les deux moitiés du muffin et répartir la sauce tomate sur chaque moitié ; recouvrir de la sauce au fromage. Faire dorer au gril (environ 2 minutes). À l'aide des ingrédients de décoration, donner au muffin l'apparence d'un lapin.

Crème de tomates maison

Certains enfants n'aiment pas voir de petits objets verts non identifiés flotter dans leur soupe. Si c'est le cas de votre enfant, omettez le basilic.

1 1/2 c. à soupe d'huile d'olive
1 oignon pelé et haché
1 gousse d'ail écrasée
175 g (6 oz) de carottes pelées et coupées en rondelles
1 pomme de terre moyenne pelée et coupée en dés
400 g (14 oz) de tomates concassées en conserve
500 g (1 lb 2 oz) de tomates italiennes pelées,
  égrenées et coupées en morceaux

1 c. à soupe de concentré de tomate
1/4 de c. à café (à thé) de sucre
425 ml (1 3/4 tasse) de bouillon de légumes
  ou de poulet
Poivre noir fraîchement moulu
3 c. à soupe de crème épaisse (facultatif)
3 c. à soupe de feuilles de basilic, hachées
  (facultatif)

Faire chauffer l'huile d'olive dans une grande casserole et faire sauter l'oignon et l'ail à feu doux de 2 à 3 minutes. Ajouter les carottes et la pomme de terre et faire sauter pendant environ 8 minutes. Ajouter les autres ingrédients à l'exception de la crème épaisse et du basilic. Porter à ébullition, puis couvrir et laisser mijoter pendant environ 30 minutes. Réduire en purée et passer au tamis. Ajouter la crème et le basilic, réchauffer sans porter à ébullition.

Sauce tomate aux légumes invisibles

 4 portions

Un soupçon de mascarpone donne toute sa saveur à cette délicieuse sauce tomate. De plus, grâce à celle-ci, les enfants mangent des légumes qu'ils ne peuvent pas voir... Servez cette sauce avec des pâtes de votre choix.

1 c. à soupe d'huile végétale
1 oignon pelé et haché
1 gousse d'ail écrasée
75 g (3 oz) de carottes pelées et coupées en rondelles
1/2 poivron rouge égrené et coupé en dés
110 g (1/4 de lb) de courgettes lavées et coupées en dés
25 g (1 1/2 c. à soupe) de beurre
1/2 poireau lavé et coupé en rondelles
75 g (3 oz) de champignons coupés en morceaux
3 tomates italiennes pelées, égrenées et coupées en morceaux
400 ml (1 2/3 tasse) de coulis de tomates
1 c. à soupe de feuilles de basilic frais, hachées
1 c. à soupe de persil frais haché
Une pincée de sucre
Sel et poivre noir fraîchement moulu
50 g (2 oz) de mascarpone
250 g (9 oz) de pâtes fantaisie

Faire revenir l'oignon et l'ail dans l'huile jusqu'à ce qu'ils soient fondants (environ 2 minutes). Ajouter les carottes et faire sauter pendant 4 minutes. Ajouter le poivron rouge et les courgettes et les faire sauter environ 2 à 3 minutes. Ajouter le beurre, le poireau et les champignons et faire cuire pendant 5 minutes. Ajouter les tomates, le coulis de tomates, le basilic, le persil, le sucre, le sel et le poivre. Couvrir et laisser mijoter pendant 15 minutes. Passer au robot culinaire puis tamiser. Incorporer le mascarpone.

Pendant ce temps, faire cuire les pâtes selon les indications sur l'emballage et les égoutter; verser dessus la sauce tomate et bien mélanger.

Les **légumes de couleurs vives** contiennent une vaste gamme de nutriments photochimiques (d'origine végétale) qui protègent des maladies cardiovasculaires et du cancer. Les tomates en conserve et la purée de tomate conservent la plupart de leurs nutriments, mais contiennent également beaucoup de sel.

SUPERALIMENTS

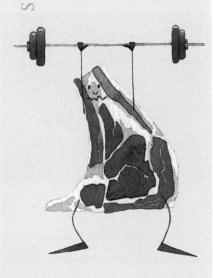

Boulettes de viande à la sauce aigre-douce et riz frit

Ces mini-boulettes, faites avec de la viande hachée sans gras, sont accompagnées d'une délicieuse sauce tomate aigre-douce et de riz frit (voir p. 123). C'est une recette souvent réclamée par les membres de ma famille.

POUR LES BOULETTES
450 g (1 lb) de viande hachée maigre
1 oignon pelé et finement haché
1 pomme pelée et râpée
50 g (2 oz) de chapelure blanche fraîche
1 c. à soupe de persil frais haché
1 cube de bouillon de poulet émietté
2 c. à soupe d'eau froide
Sel et poivre noir fraîchement moulu
2 c. à soupe d'huile végétale

POUR LA SAUCE AIGRE-DOUCE
1 c. à soupe de sauce soja
1/2 cuillère à soupe de fécule de maïs
1 c. à soupe d'huile végétale
1 oignon pelé et finement haché
50 g (2 oz) de poivron rouge égrené et coupé en dés
400 g (14 oz) de tomates concassées en conserve
1 c. à soupe de vinaigre de malt
1 c. à café (à thé) de cassonade foncée
Sel et poivre noir fraîchement moulu

Mélanger tous les ingrédients des boulettes de viande et les passer très grossièrement au robot culinaire. Avec un peu de farine sur les mains, modeler 20 boulettes. Chauffer l'huile dans une poêle et faire saisir et brunir les boulettes et les tournant de temps à autre pendant 10 à 12 minutes.

Pendant ce temps, mélanger la sauce soja et la fécule de maïs dans un petit bol. Faire chauffer l'huile dans une casserole et y faire revenir l'oignon pendant 3 minutes. Ajouter le poivron rouge et le faire sauter, en remuant de temps à autre, pendant 2 minutes. Ajouter les tomates, le vinaigre, la cassonade et le poivre et laisser mijoter pendant 10 minutes. Ajouter le mélange sauce soja-fécule de maïs et faire cuire pendant 2 minutes, en remuant de temps à autre. Passer au mélangeur et tamiser, ou réduire en purée à l'aide d'un moulin à légumes. Verser la sauce sur les boulettes et laisser mijoter jusqu'à ce que le tout soit bien cuit (environ 5 minutes).

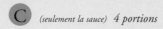

C *(seulement la sauce) 4 portions*

On recommande de manger de la **viande rouge** *deux à trois fois par semaine car c'est la source de fer la plus facilement assimilable. En pleine croissance, l'organisme a besoin de plus en plus de fer, il est donc particulièrement important que votre enfant en obtienne suffisamment entre l'âge de six mois et deux ans.*

C *2 à 3 portions*

Les **fines herbes** *ont de nombreuses propriétés médicinales. Le persil contient de la vitamine C et du fer ; de plus, mâcher du persil rafraîchit l'haleine. Mâcher du thym apaise un mal de gorge et une infusion d'origan facilite la digestion et atténue les symptômes du rhume.*

Spaghetti à la bolonaise

Ma fille adore cette recette. Comme de nombreux enfants, elle mangerait des pâtes tous les jours. Omettez les champignons si votre enfant ne les aime pas.

1 c. à soupe d'huile végétale
1 oignon pelé et haché
1 gousse d'ail écrasée
1 grosse carotte râpée
500 g (1 lb 2 oz) de viande hachée
125 g (1/4 de lb) de champignons coupés
   en lamelles
6 c. à soupe de concentré de tomate

1 c. à café (à thé) de fines herbes séchées
400 g (14 oz) de tomates concassées en conserve
150 ml (2/3 de tasse) de bouillon de poulet
   ou de bœuf
Sel et poivre noir fraîchement moulu
200 g (7 oz) de spaghettis

Faire chauffer l'huile dans une grosse casserole ou une poêle ; faire revenir l'oignon et l'ail pendant 3 minutes. Ajouter la carotte et faire sauter pendant 2 minutes, puis faire brunir la viande hachée. Ajouter les champignons et faire frire pendant 2 minutes. Incorporer le concentré de tomate et les fines herbes ; faire cuire pendant 1 minute. Incorporer les tomates concassées, le bouillon, le sel et le poivre. Couvrir et faire cuire pendant 15 minutes. Pendant ce temps, faire cuire les spaghettis selon les indications sur l'emballage. Une fois cuits, égoutter, verser la sauce dessus et bien mélanger.

Filet de poisson aux fines herbes

Délicieux avec une purée de pommes de terre et des petits pois.

25 g (1 1/2 c. à soupe) de beurre ramolli
2 c. à soupe de fines herbes fraîches hachées
   (p. ex. persil, thym, origan, basilic)

1 c. à soupe de jus de citron frais
450 g (1 lb) de filets de morue sans peau
Gros sel marin et poivre noir fraîchement moulu

Préchauffer le four à 180°C/350°F/Th. 4. Mélanger le beurre, les fines herbes et le jus de citron. Mettre les filets dans un plat allant au four, saler et poivrer et poser des noisettes de beurre.

Mettre au four et faire cuire de 8 à 10 minutes. À l'aide d'une fourchette, émietter le poisson et enlever les arêtes.

Mini-pâté au poisson

Si vous souhaitez que votre enfant aime le poisson, préparez donc ce délicieux mini-pâté. Servez-le dans un ramequin, la bonne taille pour votre enfant qui saura l'apprécier et ne se plaindra pas qu'il y en a trop dans son assiette. Conservez quelques-uns de ces mini-pâtés au congélateur pour les jours où vous n'avez pas envie de cuisiner.

550 g (1 1/4 lb) de pommes de terre pelées et coupées en dés
40 g (3 c. à soupe) de beurre
4 c. à soupe de lait
Sel et poivre noir fraîchement moulu
1 petit oignon haché finement
2 tomates pelées, égrenées et coupées en morceaux
40 g (3 c. à soupe) de beurre
1 1/2 c. à soupe de farine
300 g (10 oz) de filets de morue sans peau, coupés en gros morceaux
1 c. à soupe de persil haché
1 feuille de laurier
150 ml (2/3 de tasse) de lait
50 g (2 oz) de cheddar râpé
1 œuf légèrement battu

Préchauffer le four à 180 °C/350 °F/Th. 4.

Faire cuire les pommes de terre dans l'eau légèrement salée, jusqu'à ce qu'elles soient tendres (environ 15 minutes). Égoutter et écraser avec le lait et le beurre, saler et poivrer.

Faire fondre le beurre dans une casserole à fond épais et faire sauter l'oignon pendant une minute. Ajouter les tomates et faire cuire de 2 à 3 minutes. Incorporer la farine et cuire encore pendant 1 minute. Ajouter le lait, porter à ébullition et cuire pendant une minute. Incorporer la morue, le persil et la feuille de laurier; laisser mijoter de 3 à 4 minutes. Retirer la feuille de laurier, incorporer et faire fondre le fromage râpé, saler et poivrer.

Mettre le poisson dans quatre ramequins de 8 à 10 cm (3 à 4 po) de diamètre; couvrir de purée de pommes de terre. À l'aide d'un pinceau de cuisine, badigeonner d'œuf battu les pommes de terre et faire cuire au four pendant 15 à 20 minutes. À la toute fin de la cuisson, si vous le désirez, passez les ramequins au gril.

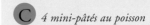
4 mini-pâtés au poisson

Le **poisson blanc**, p. ex. la morue, est une excellente source de protéines faibles en gras; il contient également du sélénium, du calcium et du magnésium. Le poisson permet au corps de se protéger des radicaux libres et stimule le système immunitaire.

SUPERALIMENTS

6 rissoles

*Le **saumon** est une bonne source de gras essentiels qui stimulent les fonctions cérébrales et le système immunitaire. Il est possible que les acides gras essentiels viennent en aide aux enfants souffrant de dyslexie ou de dyspraxie. On devrait manger un poisson gras tel le saumon au moins une fois par semaine.*

 6 portions

*Le **riz** contient de l'amidon qui se digère et se libère lentement, ce qui stabilise le taux de sucre dans le sang et fournit longtemps de l'énergie.*

Rissoles de saumon

Ces rissoles de saumon sont vraiment délicieuses et sont prêtes en 10 minutes. À manger froides ou en croque-en-doigts.

215 g (7 1/2 oz) de saumon rouge en conserve
1 c. à soupe comble d'oignon haché très finement ou râpé
2 c. à soupe de ketchup aux tomates
1 c. à soupe de semoule de pain azyme ou de chapelure fraîche plus 25 g (1 oz)
pour enrober le saumon
2 c. à soupe d'huile végétale

Émietter le saumon pour s'assurer qu'il n'y a pas d'arêtes. Dans un bol, mélanger le saumon, l'oignon, le ketchup et 1 c. à soupe de semoule de pain azyme ou de chapelure. Modeler six petites rissoles et les enrober de semoule ou de chapelure. Chauffer l'huile dans une poêle et faire sauter les rissoles jusqu'à ce qu'elles soient dorées.

Riz facile

Ce plat de riz au poulet dans une sauce à la tomate est délicieux, et facile à préparer. Les jeunes enfants aiment beaucoup le riz et la consistance de ce plat est parfaite pour les encourager à mastiquer.

200 g (1 tasse) de riz blanc à grain long
1 c. à soupe d'huile végétale
1 grosse échalote (ou 1 petit oignon) pelée
et hachée
1/2 poivron rouge égrené et coupé en morceaux
1 c. à soupe de persil haché
225 g (1/2 lb) de poitrine de poulet coupée
en morceaux

450 ml (1 3/4 tasse) de coulis de tomates
1 cube de bouillon de poulet dissous dans
100 ml (1/3 de tasse) d'eau bouillante
1 c. à soupe de purée d'ail
1 c. à café (à thé) de sucre
Sel et poivre noir fraîchement moulu

Cuire le riz selon les indications sur l'emballage. Pendant qu'il cuit, chauffer l'huile dans une grande casserole et faire sauter l'échalote, le poivron rouge et le persil pendant environ 5 minutes. Ajouter le poulet et faire sauter et blanchir en remuer de temps à autre. Ajouter le coulis de tomates, le bouillon de poulet, la purée d'ail, le sucre, le sel et le poivre. Cuire à découvert pendant 15 minutes. Égoutter le riz quand il est cuit et l'incorporer à la sauce tomate.

Croustilles de légumes-racines au four

Ces croustilles sont de délicieux croque-en-doigts. On peut bien sûr utiliser d'autres légumes-racines au choix. Elles sont délicieuses avec une trempette à la crème sure (aigre) et à la ciboulette. Pour les bébés de moins d'un an, ne pas saler ni poivrer.

110 g (1/4 de lb) de pommes de terre avec la peau, bien lavées
110 g (1/4 de lb) de patate douce avec la peau, bien lavée
110 g (1/4 de lb) de panais avec la peau, bien lavés
Assaisonnement au goût (paprika, sel d'ail, sel d'oignon, etc.)
Gros sel marin moulu
1 c. à soupe d'huile d'olive

POUR LA TREMPETTE
110 g (1/4 de lb) de fromage à la crème
1/2 c. à soupe de ketchup aux tomates
1/2 c. à soupe de lait complet
1 c. à café (à thé) de ciboulette hachée

Préchauffer le four à 200 °C/400 °F/Th. 6. Couper les pommes de terre, la patate douce et les panais en deux, dans le sens de la longueur, puis en quartiers. Mettre tous les légumes dans un bol. Verser l'huile d'olive, ajouter l'assaisonnement et un peu de sel (pour les bébés de plus d'un an) et bien mélanger. Badigeonner le fond d'une rôtissoire d'un peu d'huile d'olive et disposer les légumes. Faire cuire au four jusqu'à ce que les légumes soient tendres (environ 30 minutes).

Pour la trempette, mélanger le fromage à la crème, le ketchup et le lait puis incorporer la ciboulette hachée.

4 portions

*La teneur en vitamines A et C de la **patate douce** est très élevée. De plus, ce légume est une très bonne source de nutriments phytochimiques qui permettent de se protéger de certaines maladies.*

SUPERALIMENTS

Fruits amusants

On peut disposer les fruits de mille et une façons amusantes en quelques minutes. Sur la page ci-contre, le poisson est fait avec du kiwi, de l'orange, de la mangue, de la nectarine et des grains de raisin. Laissez-vous porter par votre imagination, et créez votre maison de rêve, une voiture, un bateau, n'importe quelle forme qui vous vient à l'esprit ou à laquelle songe votre enfant. Les fruits contiennent différents minéraux et vitamines, c'est donc une bonne idée d'en présenter une vaste gamme.

Sucettes glacées à la pêche, à la fraise et à la framboise

Tous les enfants les adorent. La plupart des sucettes achetées dans le commerce contiennent trop de sucre et d'arômes artificiels ; il ne faut que quelques minutes pour faire des sucettes maison avec de bons ingrédients naturels, par exemple une purée de fruits frais ou encore des jus de fruits frais.

200 g (7 oz) de fraises
150 g (5 oz) de framboises
50 g (1/3 de tasse) de sucre glace
400 ml (1 1/3 tasse) de jus de pêche

Réduire les fraises et les framboises en purée ; tamiser. Incorporer le sucre glace et bien mélanger jusqu'à ce qu'il soit dissous. Mélanger la purée de fruits et le jus de pêche et verser dans des moules à sucettes.

Sucettes glacées aux litchis

425 g (15 oz) de litchis en conserve
1 c. à soupe de jus de citron frais

Au mélangeur, réduire les litchis en purée avec leur jus. Passer au tamis. Incorporer le jus de citron et verser dans des moules à sucettes.

Crème brûlée aux fruits d'été

150 g (5 oz) de petits fruits frais ou surgelés tels que fraises, framboises, mûres, bleuets (myrtilles)
150 ml (2/3 de tasse) de crème épaisse
150 ml (2/3 de tasse) de yogourt à la grecque
2 c. à soupe de sucre glace
Essence de vanille
2 c. à soupe de sucre glace pour la garniture

Préchauffer le gril. Répartir les fruits entre deux ramequins de 10 cm (4 po) de diamètre. Battre la crème légèrement jusqu'à ce qu'elle forme des pics mous. Incorporer le yogourt, le sucre glace et quelques gouttes d'essence de vanille.

Verser le mélange crème-yogourt sur les fruits, lisser la surface et saupoudrer de sucre glace. Placer les ramequins sur une plaque à biscuits sous le gril jusqu'à ce que le sucre soit caramélisé.

Smoothie à la pêche melba

Il arrive que les enfants ne mangent pas bien, soit parce qu'ils ne se sentent pas bien soit parce qu'ils sont trop pris par leurs jeux. Un smoothie très nutritif vous assure que votre enfant obtient tous les nutriments dont il a besoin.

75 g (3 oz) de framboises
425 g (15 oz) de pêches en conserve dans leur jus, égouttées
200 ml (3/4 de tasse) de yogourt à boire à la pêche ou à la framboise
100 ml (1/3 de tasse) de lait complet
1 c. à soupe de sucre glace

Réduire les framboises et les pêches en purée; tamiser pour retirer toutes les graines. À l'aide d'un mélangeur manuel (mixeur-plongeur), mélanger le yogourt, les fruits, le lait et le sucre glace jusqu'à l'obtention d'une consistance veloutée.

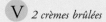 *2 crèmes brûlées*

*Les **bleuets (myrtilles)** contiennent plus de vitamine E, très importante pour protéger le cœur et les artères, que n'importe quel autre fruit. Ils contiennent aussi de la vitamine C et du fer.*

Manger mieux :
pour cette recette, ne pas utiliser de yogourt maigre ou faible en gras. Il vaut mieux utiliser du yogourt complet naturel.

 2 verres

*Le **yogourt** est une bonne source de calcium, de protéines et de phosphore, très importants pour des os et des dents en santé. Le yogourt se digère mieux que le lait.*

SUPERALIMENTS

SUPERALIMENTS

De 2 à 3 ans :
les superaliments de croissance

L'alimentation de votre enfant devrait désormais être complète et diversifiée ; les repas que vous préparez devraient convenir à tous les membres de la famille. Offrez à votre enfant des collations nutritives, car les jeunes enfants préfèrent manger plusieurs petits repas chaque jour, plutôt que trois gros.

Des collations nutritives

Comparativement à leur petite taille, les jeunes enfants ont besoin de très grandes quantités d'énergie ; ils ne peuvent cependant pas avaler de grandes quantités de nourriture en un seul repas. Certains d'entre eux se contentent de trois repas par jour, mais vous découvrirez bien vite que votre enfant a besoin de collations entre les repas pour maintenir son niveau d'énergie. Prévoyez des collations nutritives telles que du fromage, des fruits frais ou secs, des sandwichs au beurre d'arachide ou à la tartinade de légumes plutôt que de lui permettre d'avaler des calories vides comme des biscuits ou des croustilles.

Les jeunes enfants doivent avaler souvent des aliments dont la concentration énergétique et nutritive est élevée. Gardez en réserve des aliments sains qui se prêtent bien aux collations et qui permettront à l'énergie de votre enfant de se libérer lentement. Ils sont préférables aux aliments très sucrés, par exemple, qui libèrent rapidement de l'énergie ; une hausse rapide d'énergie est toujours suivie d'une baisse aussi rapide du taux de sucre dans le sang.

Présentez à votre enfant des collations nutritives, des fruits frais ou des légumes crus accompagnés d'une trempette. La consommation régulière de boissons et d'aliments sucrés nuit aux dents ; il est donc très important d'habituer les jeunes enfants à apprécier les collations saines comme celles indiquées dans la liste ci-contre.

Bien entendu, vous pourriez essayer d'instaurer la formule de trois repas par jour, mais il faudra quelques années avant que le jeune enfant ne s'y conforme. Son estomac étant petit, il ne peut pas avaler en une seule fois une quantité suffisante d'aliments qui le soutiendrait jusqu'au repas suivant. Offrez donc des collations nutritives entre les repas tout au long de la journée. Il est vital d'habituer les jeunes enfants à s'alimenter sainement pendant leurs premières années car ces habitudes détermineront leur état de santé au cours de leur vie d'adulte.

Manger mieux : *offrez une collation une heure ou plus avant le repas, de façon à ce que les enfants aient faim lors du repas. Cependant, efforcez-vous d'attendre au moins une heure après le repas, pour ne pas qu'ils s'imaginent qu'ils peuvent refuser de manger pendant le repas et obtenir une collation tout de suite après.*

Manger mieux : *les croustilles et les collations au maïs sont acceptables, mais choisissez celles qui sont fabriquées avec des ingrédients naturels (les croustilles de légumes sont délicieuses) sans trop de sel. Limitez à trois portions par semaine. Le maïs soufflé maison ne contient pas beaucoup de matières grasses et il est plus riche en fibres que les croustilles de pommes de terre.*

Suggestions de collations nutritives

- fruits frais
- mini-sandwichs
- yogourt ou fromage blanc
- céréales complètes
- bâtonnets de légumes crus ou cuits à la vapeur
- languettes de pain grillé et tartinade aux légumes
- languettes de pain pita et hoummos
- galettes de riz, craquelins au sésame, biscottes
- muffins
- crumpets ou petites crêpes
- fruits secs
- fromage
- fromage à la crème et gressins (bâtonnets de pain)
- soupe maison ou soupe fraîche du commerce.

Collations énergisantes

La plupart du temps, les jeunes enfants sont très actifs; il leur faut donc de saines collations, entre les repas, pour soutenir leur énergie. Les glucides non raffinés comme le pain complet, les céréales complètes ou les pommes de terre prennent plus de temps à se décomposer en glucose. Ils fourniront donc une énergie bien plus nutritive et durable que les sucres et les glucides raffinés comme le pain blanc ou les biscuits au chocolat. Les fruits frais comptent également parmi les bonnes sources d'énergie à effet rapide.

Les aliments malsains nutritifs

Il n'existe pas d'aliments malsains, seulement une alimentation malsaine! Les hamburgers, les croustilles, les frites et le chocolat consommés avec modération fournissent de l'énergie, des protéines et même des minéraux, comme le calcium. Mais il est désormais prouvé qu'une alimentation à teneur élevée en matières grasses, en sucre et en sel cause des problèmes de santé: l'obésité, les maladies cardiaques et, éventuellement, le cancer. Comme les mauvaises habitudes s'installent très tôt, il est important de bien montrer l'exemple en mangeant des aliments sains, ce qui aura des répercussions sur l'avenir de votre enfant.

Aliments sains pour une énergie rapide

- bol de flocons de maïs
- banane
- raisins secs
- yogourt et miel

Aliments sains pour une énergie de longue durée

- sandwich de pain complet au beurre d'arachide
- haricots au four sur pain grillé
- pomme de terre au four, avec fromage
- pain avec du jambon, du thon ou du fromage
- lait fouetté aux fruits frais

Les aliments frits ne sont pas mauvais pour la santé des enfants puisque les matières grasses qu'ils contiennent se transforment en énergie et ne sont pas directement reliées à une augmentation de problèmes cardiaques. Les huiles végétales sont cependant meilleures que les graisses animales. À noter, toutefois, que les aliments frits ne sont que l'une des composantes d'une alimentation saine; comme en toute chose, aucun excès n'est recommandé.

Les hamburgers et les pizzas sont bien sûr bien attirants et les enfants pourraient être déçus de ne pas pouvoir en manger, surtout si leurs amis, eux, ont ce droit. Vous pouvez alors préparer des aliments qui leur ressemblent, mais qui en réalité sont préparés avec de bons ingrédients sains. Prenez comme exemple les Lapins à croquer (p. 94) ou les Croustilles de légumes-racines au four (p. 107) ou encore les Hamburgers au poulet (p. 128).

L'obésité chez les enfants

Des chiffres frappants révèlent qu'entre 15 et 25 % des enfants des pays industrialisés souffrent d'embonpoint. Un enfant sur six, âgé de 10 ans, est obèse; un adolescent sur cinq, âgé de 15 ans, est obèse. Les enfants qui souffrent d'embonpoint risquent davantage d'avoir des problèmes cardiaques ou de souffrir du diabète. Ces chiffres ne sont toutefois pas étonnants parce que non seulement les enfants d'aujourd'hui mangent davantage, mais ils sont de moins en moins actifs. Les parents qui tentent de faire décoller leur enfant du sofa ou de l'éloigner de l'ordinateur pour lui faire aller prendre l'air et qu'il aille faire de l'exercice savent bien que les enfants sont de plus en plus sédentaires, qu'ils ont du mal à faire un minimum d'activités physiques. Une récente étude montre que 40 % des garçons et 60 % des filles ne font pas l'heure d'exercice d'intensité modérée recommandée par jour.

Les enfants d'aujourd'hui vivront assurément moins vieux que leurs parents. Le manque d'exercice et une alimentation pauvre du point de vue nutritif se traduiront par de graves problèmes de santé plus tard dans leur vie: obésité, maladies cardiaques, faible ossature et cancer. Lorsque les os se développent, l'exercice est important parce qu'il stimule le dépôt de minéraux, particulièrement de calcium, sur les os des enfants. Si les enfants sont actifs, la densité osseuse de leur corps sera bonne, ce qui réduit le risque d'ostéoporose (os fragiles) plus tard dans la vie.

L'activité physique développe la force musculaire, renforce la condition physique générale et affine certaines capacités motrices, comme l'équilibre et la coordination. Les enfants qui mènent une vie physique active et à qui on présente une diversité d'activités physiques sont plus à même de continuer à mener une vie active et saine lorsqu'ils sont adultes.

Vaincre l'obésité

Les dépôts de matière grasse qui provoquent des maladies cardiaques se trouvent déjà dans les artères des enfants d'âge préscolaire et le diabète, celui qui se déclenche à l'âge adulte, est en train de devenir un problème de plus en plus grave chez les enfants occidentaux. Au cours des dix dernières années, le nombre d'enfants obèses âgés de six à sept ans a doublé. Si le poids de votre enfant vous inquiète, consultez votre médecin de famille, il pourra vous référer à un diététicien.

Pour aider les enfants souffrant de surpoids

• Montrez l'exemple en mangeant bien ; ne vous attendez pas à ce que votre enfant prenne de bonnes habitudes si vous-même n'en avez pas.

• Offrez de l'eau ou des boissons sans sucre plutôt que du jus de fruit ou des boissons sucrées.

• Réduisez le nombre de calories des collations, comme les croustilles ou les biscuits au chocolat ; offrez plutôt des fruits, des yogourts ou des sandwichs faibles en gras.

• Servez les repas dans de petites assiettes pour donner l'impression d'une plus grande portion et ne permettez pas que les enfants regardent la télévision ou soient distraits en mangeant. N'encouragez pas les enfants à se resservir.

• Plutôt que diminuer la quantité de nourriture, augmentez l'activité physique.

• Rendez les activités physique amusantes.

• Faites griller les aliments au charbon de bois ; c'est délicieux et faible en gras.

Ce que votre enfant devrait manger

Les portions varieront selon l'enfant et son âge ; ces suggestions conviennent à un enfant de deux ans.

• 3 ou 4 portions de glucides ; p. ex. une tranche de pain, un petit bol de céréales ; une petite pomme de terre au four.

• 3 ou 4 portions de fruits et de légumes ; p. ex. une pomme, une banane, une mandarine, une carotte, des bouquets de brocoli.

• 3 portions de lait et de produits laitiers ; p. ex. un verre de lait, un pot de yogourt, un peu de macaroni ou de chou-fleur au fromage.

• 1 portion de protéines animales ; p. ex. 50 g (2 oz) de viande, de volaille ou de poisson maigre, un œuf ou deux portions de protéines végétales ; p. ex. du tofu, des légumineuses, des noix, 50 g (2 oz) de haricots au four ; un sandwich au beurre d'arachide.

Contrairement aux adultes, les enfants ne devraient pas suivre de régime sévère ; ils sont en pleine croissance et il leur faut une alimentation équilibrée, diversifiée, qui leur procure une énergie suffisante et des protéines, mais aussi des nutriments essentiels comme le calcium et le fer.

En adoptant une démarche à long terme visant une saine alimentation, il est possible faire correspondre le poids de l'enfant à sa taille, qui augmente rapidement. Il vaut mieux adopter des habitudes de saine alimentation que de réduire la quantité d'aliments avalés. Aucun enfant ne devrait avoir faim. Pour planifier le régime alimentaire de votre enfant, appuyez-vous sur les lignes directrices des pages 13 à 16.

Un enfant devrait se sentir aimé et non jugé, concentrez-vous donc sur sa santé plutôt que sur son apparence. Les enfants qui souffrent de surpoids le savent. Si vos remarques portent sur son poids, c'est l'effet contraire qui se produira : l'enfant se tournera encore plus vers la nourriture qui deviendra une forme de compensation affective.

Menus

	MATIN	MIDI	SOIR
JOUR 1	céréales une fine tranche de fromage fruit	Hamburgers au poulet (p. 128) avec des légumes et des frites fruit	Gratin de pain au beurre (p. 133) Gélatine aux fruits (p. 140)
JOUR 2	œufs brouillés et pain grillé fruit	Croquettes de légumes (p. 134) Sucettes glacées tricolores (p. 146)	Nouilles aux crevettes à la mode de Singapour (p. 130) Crème brûlée aux fruits (p. 111)
JOUR 3	haricots au four et pain grillé yogourt et miel	Sauce tomate irrésistible (p. 118) fruit	Salade de poulet et brocoli (p. 124) Croustade aux fraises et à la rhubarbe (p. 140) avec crème anglaise
JOUR 4	céréales avec morceaux de fruits secs compote de pommes fromage blanc	Boucles au saumon et aux tomates (p. 139) fruit	Bœuf dans une sauce d'huîtres avec brocoli et châtaignes d'eau (p. 129) Pudding aux pommes et aux amandes (p. 142)
JOUR 5	œuf dur et mouillettes Smoothie aux fruits (p. 143)	Röstis aux légumes avec légumes et frites fruit	Cannellonis à la ricotta et aux épinards (p. 127) Gélatine aux fruits (p. 140)
JOUR 6	fromage et tomate sur pain grillé fruit	Beignets de poisson et frites (p. 137) Sucettes glacées tricolores (p. 146)	Salade de poulet et de pâtes (p. 118) Croustade aux fraises et à la rhubarbe (p. 140)
JOUR 7	crêpe/gaufre et sirop d'érable yogourt et fruit	Tempura de légumes (p. 132) fruit et crème glacée	Boulettes de poulet à la sauce aigre-douce et riz (p. 125) Yogourt glacé à la pêche melba et aux brisures de meringue (p. 145)

L'alimentation de votre enfant doit inclure trois portions quotidiennes de produits laitiers, p. ex. du fromage, du yogourt ou une boisson au lait.

Le **maïs sucré** a une teneur élevée en fibres et en vitamine C, et ne contient pas de gluten. On peut en faire d'autres aliments, notamment du maïs soufflé.

Manger mieux :

le maïs sucré surgelé renferme plus d'éléments nutritifs que le maïs frais vendu dans les supermarchés.

 *5 portions*

Les **poivrons rouges** sont l'une des meilleures sources végétales de vitamine C ; ils en contiennent trois fois plus que les oranges et sont riches en bêtacarotène. En ajoutant des poivrons rouges à une sauce tomate, on en augmente la teneur nutritive et intensifie la couleur.

Salade de poulet et de pâtes

600 ml (2 1/3 tasses) de bouillon de poulet
2 petites poitrines de poulet
110 g (1/4 de lb) de pâtes fantaisie, cuites et refroidies
110 g (1/4 de lb) de maïs sucré surgelé ou en conserve, cuit
18 petites tomates cerises, coupées en deux
2 ciboules hachées finement
1/2 petite laitue romaine coupée en fines lanières

POUR LA VINAIGRETTE
3 c. à soupe d'huile d'olive
1 c. à soupe de vinaigre de vin blanc
1/2 c. à café (à thé) de moutarde de Dijon
1/2 c. à café (à thé) de sucre
Sel et poivre
1 c. à soupe du bouillon ayant servi à pocher le poulet

Pocher le poulet dans le bouillon pendant 10 minutes et laisser refroidir. Retirer le poulet à l'aide d'une écumoire et le couper en bouchées. Cette étape peut être faite la veille. Fouetter tous les ingrédients de la vinaigrette ou se servir d'un mélangeur manuel (mixeur-plongeur). Mélanger tous les ingrédients de la salade et incorporer la vinaigrette.

Sauce tomate irrésistible

2 poivrons rouges évidés, égrenés et coupés en languettes
1 échalote pelée et hachée finement
1 petite gousse d'ail pelée et écrasée
1 c. à soupe d'huile d'olive
350 g (3/4 de lb) de tomates pelées, égrenées et coupées en gros morceaux
250 ml (1 tasse) de bouillon de légumes
15 g (1 c. à soupe) de beurre
Sel et poivre noir fraîchement moulu

Faire rôtir les poivrons au gril préchauffé, jusqu'à ce qu'ils soient bien grillés. Les mettre dans un sac en plastique et le fermer. Laisser refroidir. Pendant ce temps, faire sauter l'échalote et l'ail dans l'huile d'olive jusqu'à ce qu'ils soient fondants sans toutefois changer de couleur. Ajouter les tomates et faire cuire pendant 5 minutes. Peler les poivrons rouges rôtis et les ajouter à la sauce ; incorporer le bouillon de légumes. Faire cuire à feu doux pendant environ 10 minutes. Ajouter le beurre. Réduire en purée au robot culinaire ; saler et poivrer au goût. Servir pour accompagner des pâtes. La sauce est également délicieuse avec du poulet.

Gratin de pommes de terre et de chou

 6 portions

Ce gratin de pommes de terre finement coupées et délicieuses est un repas savoureux les jours d'hiver. C'est également un délicieux plat d'accompagnement.

25 g (1 1/2 c. à soupe) de beurre
1 gros oignon ou 2 oignons moyens pelés et coupés en fines rondelles
150 ml (2/3 de tasse) de crème
675 g (1 1/2 lb) de pommes de terre pelées et coupées en fines tranches
200 g (7 oz) de chou vert coupé en lanières
Sel et poivre noir fraîchement moulu
75 g (3 oz) de cheddar
75 g (3 oz) de gruyère
300 ml (1 1/4 tasse) de lait complet

Préchauffer le four à 180 °C/350 °F/Th 4. Faire fondre le beurre à feu doux, dans une casserole, et faire revenir l'oignon jusqu'à ce qu'il soit tendre. Couvrir le fond d'un plat allant au four de 18 x 28 cm (7 x 11 po) d'une fine couche de crème, puis d'une couche de pommes de terre et de chou salés et poivrés; couvrir d'un tiers d'oignon. Mélanger les deux fromages et en répartir un tiers sur l'oignon.

Recommencer l'opération deux autres fois. Mélanger le lait et le reste de crème; verser sur les pommes de terre. Faire cuire au four sans couvrir pendant 30 minutes; couvrir ensuite d'une feuille de papier d'aluminium et faire cuire encore pendant 30 minutes, jusqu'à ce que le gratin soit doré et croquant. À l'aide d'un couteau, s'assurer que les pommes de terre sont cuites.

*Le **chou vert** est riche en vitamine C et en bêtacarotène. Il appartient à la famille des crucifères dont les propriétés anticancérigènes ont été maintes fois prouvées. On pensait jadis que les agents photochimiques du chou étaient toxiques. Ce légume contient aussi des antioxydants qui, en absorbant les radicaux libres, protègent des maladies cardiovasculaires.*

SUPERALIMENTS

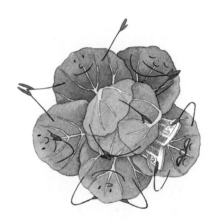

Poulet mariné et légumes grillés

*Les **huiles monoinsaturées** comme l'huile d'olive font baisser le taux de cholestérol. Il est à noter que les cas de cancer sont moins nombreux dans les pays méditerranéens où l'on cuisine beaucoup avec l'huile d'olive, bonne source de vitamine E. L'huile d'olive extravierge renferme la plus grande quantité d'antioxydants protecteurs et elle a meilleur goût.*

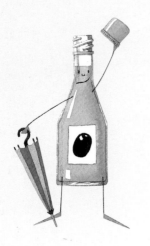

En raison du peu de matières grasses qu'elle nécessite, la cuisine sur gril électrique est très saine. Mariner le poulet avant de le faire cuire lui donne un délicieux arôme et l'attendrit. Assurez-vous que le gril est bien chaud avant d'y poser les aliments.

150 g (5 oz) de pommes de terre nouvelles coupées en deux
75 g (3 oz) de bouquets de brocoli
1/2 poivron rouge égrené et coupé en lamelles

POUR LA MARINADE
1 gousse d'ail écrasée
2 à 3 c. à soupe de jus de citron
1/4 de c. à café (à thé) de zeste de citron
1 c. à café (à thé) de sucre
1 c. à café (à thé) d'origan frais

2 poitrines de poulet
1 courgette
1 oignon rouge
3 c. à soupe d'huile d'olive

Faire partiellement bouillir les pommes de terre pendant 10 minutes. Blanchir les bouquets de brocoli et le poivron rouge pendant 1 minute. Couper le poulet en très fines tranches de façon à obtenir 6 languettes par poitrine. Laver et couper la courgette en rondelles de 12 mm (1/2 po) ; peler et couper l'oignon en quartiers.

Mélanger l'ail, le jus et le zeste de citron, le sucre et l'origan. Y faire mariner le poulet et les légumes pendant environ 30 minutes.

Chauffer le gril électrique (on peut aussi se servir d'une poêle) ; le badigeonner d'un peu d'huile d'olive ; retirer le poulet de la marinade et le faire cuire pendant 3 minutes de chaque côté ou jusqu'à ce qu'il soit bien cuit. Retirer du gril et réserver au chaud. Suivre les mêmes étapes pour faire cuire les légumes ; les faire cuire par petits lots au besoin. Mélanger le poulet et les légumes et servir.

*Selon la pharmacopée traditionnelle, l'**ail** a la réputation de tout guérir; on a prouvé qu'il permettait de développer une résistance aux infections. L'ail contient de l'allicine aux propriétés antibiotiques naturelles et antifongiques. La teneur en antioxydants de l'allicine est également très élevée. Adoré des Égyptiens de l'Antiquité, mâché par les athlètes grecs et nécessaire pour repousser les vampires, l'ail tue également les bactéries, maintient le cœur en santé et protège du rhume.*

C *4 portions*

*Le **mascarpone** est un fromage à la crème italien très énergisant et riche en calcium et en vitamine D, deux éléments très importants pour le développement et la santé des os et des dents.*

Nouilles sautées avec poulet et germes de haricots

2 poitrines de poulet

POUR LA MARINADE
3 c. à soupe de sauce d'huîtres
1 c. à soupe de sauce soja
1 c. à soupe de jus de citron
1 c. à soupe de cassonade
1 gousse d'ail écrasée
1/4 de c. à café (à thé) de gingembre râpé

150 g (5 oz) de nouilles fines aux œufs
1 1/2 c. à soupe d'huile
1/2 poivron rouge égrené et coupé
en fines lanières
4 ciboules coupées en tranches de 2 cm (3/4 de po)
110 g (1/4 de lb) de germes de haricots

Couper le poulet en lanières et le faire mariner dans tous les ingrédients de la marinade mélangés pendant 30 à 60 minutes.

Faire cuire les nouilles dans l'eau bouillante selon les indications sur l'emballage. Faire chauffer l'huile dans un wok ; retirer le poulet de la marinade et le faire sauter dans l'huile avec le poivron rouge pendant 2 minutes. Ajouter les ciboules et les germes de haricots et faire sauter pendant 1 minute. Incorporer le reste de marinade et laisser mijoter 1 à 2 minutes.

Penne au poulet dans une sauce au fromage et aux champignons

Étant donné que les enfants aiment beaucoup les pâtes, une bonne façon de leur faire manger d'autres aliments nutritifs consiste à les mélanger à des pâtes.

125 g (1/4 de lb) de penne
1 c. à soupe d'huile d'olive
150 g (5 oz) de champignons coupés en lamelles
1 gousse d'ail écrasée
Environ 150 g (5 oz) de poitrine de poulet
en lanières

150 g (5 oz) de mascarpone
50 g (2 oz) de gruyère râpé
80 ml (1/3 de tasse) de bouillon de poulet
1 c. à soupe d'origan frais haché
Sel et poivre noir fraîchement moulu

Faire cuire les penne dans l'eau bouillante selon les indications sur l'emballage. Faire chauffer l'huile d'olive et faire revenir les champignons et l'ail pendant 3 minutes. Ajouter le poulet et faire cuire pendant 4 minutes. Incorporer le mascarpone et le gruyère, le bouillon et l'origan ; laisser mijoter jusqu'à ce que les fromages aient fondu et que la sauce ait épaissi. Assaisonner selon les goûts ; mélanger avec les penne.

Riz frit chinois

Les enfants aiment beaucoup ce plat qui s'accompagne bien de boulettes de poulet à la sauce aigre-douce.

225 g (1 tasse) de riz basmati
75 g (3 oz) de carottes pelées et coupées en tranches
75 g (3 oz) de petits pois surgelés
75 g (3 oz) de poivron rouge égrené et coupé en dés
2 œufs légèrement battus
Sel
3 c. à soupe d'huile végétale
1 petit oignon pelé et haché finement
1 ciboule hachée finement
1 à 2 c. à soupe de sauce soja

Bien laver le riz et le faire cuire dans une casserole d'eau légèrement salée selon les indications sur l'emballage. Faire cuire les carottes, les petits pois et le poivron à la vapeur jusqu'à ce qu'ils soient tendres (environ 5 minutes). Saler les œufs et les faire frire dans une poêle avec 1 c. à soupe d'huile, jusqu'à ce qu'ils forment une très mince omelette. Rouler l'omelette et lui donner la forme d'une saucisse ; couper en fines lanières. Verser 2 c. à soupe d'huile dans un wok et faire revenir l'oignon haché jusqu'à ce qu'il soit tendre. Ajouter les légumes cuits à la vapeur et faire cuire de 2 à 3 minutes. Ajouter les lanières d'œufs et la ciboule, et faire cuire tout en remuant pendant encore 2 minutes. Asperger de sauce soja avant de servir.

4 portions

*Le **riz brun** est une excellente source d'énergie et il est beaucoup plus nutritif que le riz blanc. Il est vivement conseillé d'habituer votre enfant à manger du riz brun parce qu'il contient davantage de minéraux, de vitamines et de fibres que le riz blanc.*

6 portions

*Les **graines**, notamment de sésame, de tournesol et de citrouille, contiennent beaucoup de vitamines et de minéraux concentrés. Elles sont également riches en acides gras essentiels. On peut en mettre dans les soupes et les salades. Un mélange de graines grillées constitue une collation nutritive. Les graines de sésame sont une bonne source de calcium.*

Salade de poulet et brocoli

Cette recette est très facile à préparer, ce qui n'empêche pas qu'elle soit délicieuse, agrémentée d'une légère vinaigrette. Il vaut mieux pocher les poitrines de poulet entières pour qu'elles soient tendres et moins sèches.

2 poitrines de poulet
300 ml (1 1/4 tasse) de bouillon de poulet
200 g (7 oz) de bouquets de brocoli
150 g (5 oz) de maïs sucré surgelé ou en conserve, cuit
2 c. à soupe de graines de sésame

POUR LA VINAIGRETTE
2 c. à soupe d'huile végétale
1 c. à soupe de miel liquide
1 c. à soupe de vinaigre de riz
1 c. à café (à thé) de sauce soja
Poivre noir fraîchement moulu

Faire pocher le poulet dans le bouillon jusqu'à ce qu'il soit bien cuit (environ 8 minutes). Si vous en avez le temps, laissez le poulet refroidir dans le bouillon. Faire blanchir le brocoli dans de l'eau bouillante, légèrement salée, jusqu'à ce qu'il soit tendre, environ 2 minutes.

Pour faire griller les graines de sésame : chauffer une petite poêle, et faire griller les graines à sec pendant 2 minutes, jusqu'à ce qu'elles soient dorées, tout en remuant pour ne pas qu'elles brûlent.

Pour la vinaigrette : fouetter l'huile, le miel, le vinaigre de riz et la sauce soja. Couper le poulet en bouchées et mélanger avec le brocoli et le maïs sucré. Verser la vinaigrette, mélanger et parsemer de graines de sésame grillées.

Boulettes de poulet à la sauce aigre-douce et riz

Les jeunes enfants aiment beaucoup la cuisine chinoise; j'ai donc concocté quelques recettes simples à saveur orientale.

POUR LES BOULETTES
300 g (10 oz) de poulet haché
1 gousse d'ail écrasée
1 oignon pelé et haché finement
1/2 pomme pelée, évidée et râpée
1/2 cube de bouillon de poulet, émietté
1 c. à soupe de persil frais haché
Sel et poivre noir fraîchement moulu
Un peu de farine

POUR LA SAUCE AIGRE-DOUCE
400 g (14 oz) de tomates concassées en conserve
1 c. à soupe de vinaigre de vin blanc
1 c. à soupe de cassonade foncée
1 c. à soupe de sauce soja
1 c. à soupe de ketchup aux tomates
1 c. à soupe de saké
2 c. à soupe d'huile végétale

Mélanger tous les ingrédients des boulettes de poulet. Fariner les mains et former 16 boulettes. Mettre au réfrigérateur pendant 30 minutes pour les raffermir.

Dans une casserole, mélanger tous les ingrédients de la sauce et laisser mijoter pendant 5 minutes. Chauffer l'huile végétale, et faire frire les boulettes de poulet jusqu'à ce qu'elles soient dorées et bien cuites (de 6 à 8 minutes). Bien mélanger avec la sauce et servir avec du riz frit chinois (voir p. 123).

*L'**ail** aide à lutter contre les infections; il a des propriétés antibactériennes et antivirales. Il est prouvé qu'il réduit le risque de maladies du cœur et d'accidents vasculaires cérébraux en raison de ses actions anticoagulantes. Des études récentes ont démontré que l'ail pouvait réduire les risques de cancer, notamment le cancer de l'estomac et celui du côlon.*

SUPERALIMENTS

Cannellonis à la ricotta et aux épinards

V   *8 portions*

La farce aux épinards est simple et facile à préparer. Par ailleurs, il existe sur le marché de bonnes sauces tomates toutes prêtes que l'on peut utiliser pour recouvrir les cannellonis, si vous le désirez.

225 g (1/2 lb) d'épinards surgelés
   ou 450 g (1 lb) d'épinards frais
15 g (1 c. à soupe) de beurre
110 g (1/4 de lb) de ricotta
25 g (1 oz) de parmesan râpé
40 g (1 1/2 oz) de mozzarella râpée
Une pincée de noix de muscade moulue
Sel et poivre noir fraîchement moulu
8 cannellonis (sans précuisson)

POUR LA SAUCE TOMATE
1 oignon pelé et haché finement
1 gousse d'ail écrasée
1 feuille de laurier
1 c. à soupe d'huile d'olive

500 ml (2 tasses) de coulis de tomates
1/2 c. à café (à thé) de sucre
Sel et poivre noir fraîchement moulu
25 g (1 oz) de cheddar en tranches

POUR LA DÉCORATION
8 champignons sautés
20 olives noires dénoyautées
75 g (3 oz) de nouilles fines aux œufs
1 carotte pelée
1/4 de poivron rouge et 1/4 de poivron vert égrenés

Préchauffer le four à 180 °C/350 °F/Th.4. Faire sauter l'oignon, l'ail et la feuille de laurier dans l'huile d'olive pendant 2 minutes. Ajouter le coulis de tomates et le sucre; assaisonner selon le goût. Laisser mijoter à découvert pendant 8 minutes ou jusqu'à ce que la sauce ait épaissi. Retirer la feuille de laurier.

Faire cuire les épinards. Égoutter; exprimer tout excédent d'eau à l'aide d'une cuillère en bois et hacher grossièrement. Faire fondre le beurre dans une casserole et faire sauter les épinards de 1 à 2 minutes. Ajouter la ricotta, le parmesan et la mozzarella et assaisonner au goût. Farcir les cannellonis et les disposer côte à côte dans un plat allant au four. Garder un espace pour les champignons et les olives qui formeront le visage et les pieds (voir photo ci-contre). Couvrir de sauce tomate et faire cuire au four pendant 25 à 30 minutes. Disposer les tranches de fromage pour représenter la bordure d'un drap de lit rabattue. Faire cuire au four jusqu'à ce que le fromage ait fondu.

Pour décorer : disposer les champignons en rang; découper de minuscules triangles d'olives pour les yeux, et couper de petits morceaux de nouilles fines pour les cheveux. Les morceaux de poivron rouge et vert forment les nœuds dans les cheveux et les carottes, les chapeaux; terminer avec de très fines languettes de poivron rouge pour la bouche et les olives qui représentent les pieds.

SUPERALIMENTS

*Le **fromage** et les produits laitiers contiennent du calcium que le corps assimile mieux que celui provenant d'autres aliments. Les fromages à pâte dure comme le parmesan ou le cheddar contiennent plus de calcium que les fromages à pâte molle comme la ricotta. Un morceau de fromage à la fin du repas permet de lutter contre les caries parce qu'il réduit la quantité d'acide qui se trouve sur la plaque dentaire.*

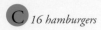 *16 hamburgers*

Hamburgers au poulet

Les enfants aiment les hamburgers mais il est possible de faire vos propres hamburgers avec du poulet et des légumes, bien plus sains.

50 g (2 oz) de poireau lavé et coupé en tout petits morceaux
1 oignon pelé et haché finement
175 g (6 oz) de carottes râpées
1 1/2 c. à soupe d'huile végétale
175 g (6 oz) de courgettes râpées
2 poitrines de poulet coupées en morceaux
1 pomme pelée, évidée et râpée
1 cube de bouillon de poulet finement émietté
1 c. à soupe de persil finement haché
Sel et poivre noir fraîchement moulu
175 g (6 oz) de chapelure de pain blanc

POUR LA PANURE
Farine
2 œufs légèrement battus
Chapelure assaisonnée
Huile végétale pour la friture

Faire sauter le poireau, l'oignon et les carottes dans l'huile végétale pendant 3 minutes. Mélanger le reste des ingrédients et passer au robot culinaire pendant quelques secondes pour les hacher. Former 16 galettes en mettant un peu de farine sur les mains.

Passer les galettes dans la farine, puis dans les œufs battus, puis dans la chapelure assaisonnée; faire sauter dans l'huile végétale jusqu'à ce qu'elles soient dorées et bien cuites (environ 6 minutes de chaque côté).

Bœuf dans une sauce d'huîtres avec brocoli et châtaignes d'eau

 4 portions

Le fait de mariner le bœuf lui donne un délicieux arôme, mais le rend aussi plus tendre. Vous pouvez donc utiliser des coupes de viande un peu moins chères que le steak. Servir avec des nouilles ou du riz.

Pour la marinade
3 c. à soupe de sauce d'huîtres
1 c. à soupe de sauce soja
1 c. à soupe de cassonade
1 c. à soupe de saké

350 g (3/4 de lb) de bœuf
2 1/2 c. à soupe d'huile de tournesol
1 gousse d'ail écrasée
1 oignon pelé et coupé en tranches
200 g (7 oz) de bouquets de brocoli
1/2 poivron rouge ou jaune égrené et coupé en tranches
130 g (4 1/2 oz) de champignons
110 g (1/4 de lb) de châtaignes d'eau en conserve, coupées en tranches

1 c. à soupe de fécule de maïs
200 ml (3/4 de tasse) de bouillon de bœuf

Mélanger les ingrédients de la marinade. Y faire mariner le bœuf pendant 30 minutes. Faire chauffer 1 c. à café (à thé) d'huile dans un wok et faire sauter la moitié de l'ail pendant quelques secondes. Retirer le bœuf de la marinade et bien l'égoutter ; réserver la marinade. Mettre le bœuf dans le wok et faire frire pendant 2 minutes, en remuant de temps à autre. Égoutter les morceaux de bœuf et mélanger la sauce recueillie avec la marinade. Remettre le bœuf dans le wok et faire sauter jusqu'à ce qu'il brunisse légèrement ; réserver.

Faire chauffer le reste de l'huile dans le wok ; ajouter le reste d'ail et faire sauter pendant quelques secondes. Ajouter l'oignon et le faire revenir pendant 3 minutes ; puis, ajouter le brocoli et le poivron rouge ou jaune et faire cuire pendant 3 minutes, en remuant de temps à autre. Ajouter les champignons et les châtaignes d'eau et faire sauter pendant 3 minutes.

Mélanger la fécule de maïs avec un peu d'eau de façon à faire une pâte et la mélanger au bouillon de bœuf ; porter à ébullition, tout en remuant jusqu'à épaississement. Mélanger le bouillon de bœuf avec la marinade.

Remettre le bœuf dans le wok ; y verser le mélange de marinade et de bouillon de bœuf et laisser mijoter pendant 1 à 2 minutes.

Le **brocoli** contribue à réduire les risques de cancer si on en mange régulièrement et suffisamment. Il contient divers agents phytochimiques qui freinent l'action des agents cancérigènes avant que ceux-ci atteignent leurs cibles ou qui les suppriment avant qu'ils ne causent des lésions. L'American National Cancer Institute met le brocoli en tête des légumes qui permettent de lutter contre le cancer. Les scientifiques essaient d'injecter ses propriétés anticancérigènes dans d'autres plantes.

Nouilles aux crevettes
à la mode de Singapour

En offrant des aliments exotiques, les goûts de votre enfant se développeront ; de plus, cette recette sera très appréciée de tous les membres de la famille. Le régime alimentaire de trop d'enfants se borne bien souvent à une succession de hamburgers, frites, pizzas et autres aliments du même genre. De nos jours, il y a tellement de choix possibles ; les supermarchés offrent désormais une grande diversité : nouilles de riz, gingembre frais, pâte de curry. Préparer pour votre enfant des recettes un peu exotiques, ses goûts sont probablement plus évolués que ce vous pensez.

150 g (5 oz) de fines nouilles de riz séchées ou de fines nouilles aux œufs
1 c. à soupe d'huile végétale
1/2 gousse d'ail écrasée
1/4 de piment vert, en petits dés
1/4 de c. à café (à thé) de gingembre râpé
1 petite poitrine de poulet, coupée en très petits morceaux
50 g (2 oz) de petits pois surgelés
50 g (2 oz) de petites crevettes cuites
2 ciboules, hachées finement
1 c. à soupe de sauce soja
1 c. à soupe de saké
Une pincée de sucre
2 c. à café (à thé) de pâte de curry douce
150 ml (2/3 de tasse) de bouillon de poulet
1 œuf, légèrement battu
Sel et poivre blanc

Placer les nouilles dans un grand bol et couvrir d'eau bouillante. Laisser reposer pendant 3 minutes ou suivez les indications sur l'emballage. Égoutter dans une passoire, et bien rincer à l'eau froide ; laisser égoutter. Chauffer l'huile dans un wok et faire sauter l'ail, le piment vert et le gingembre pendant 1 minute. Ajouter le poulet et faire sauter pendant 2 minutes. Ajouter les petits pois, les crevettes et les ciboules. Ajouter les nouilles, la sauce soja, le saké, le sucre, la pâte de curry et le bouillon. Ajouter l'œuf légèrement battu, et cuire tout en remuant de 1 à 2 minutes. Assaisonner selon les goûts.

Beignets de poisson et frites

Servez ces beignets accompagnés de frites, et plutôt que de les servir dans la traditionnelle feuille de journal comme en Grande-Bretagne, pourquoi ne pas les envelopper dans une feuille de bande dessinée? Posez auparavant une feuille de papier sulfurisé sur la feuille de bande dessinée.

150 g (5 oz) de filets de sole ou de plie (plie rouge ou limande)
25 g (3 c. à soupe) de farine
Sel et poivre noir fraîchement moulu
Poivre de Cayenne
1 œuf légèrement battu
125 g (4 1/2 oz) de chapelure
Huile de tournesol pour la friture

POUR LA SAUCE TARTARE
150 ml (2/3 de tasse) de mayonnaise
Jus de citron
1 c. à soupe de persil haché
11/2 c. à soupe de câpres hachées
2 c. à café (à thé) de cornichons hachés
1 c. à soupe de ciboulette hachée

Couper le poisson en languettes; enrober de farine assaisonnée de sel, de poivre et de poivre de Cayenne. Tremper les languettes de poisson dans l'œuf puis dans la chapelure et faire frire de 3 à 4 minutes, en deux fois.

    Pour faire la sauce tartare, mélanger tous les ingrédients et servir avec les beignets de poisson et les frites.

3 portions

*Le **poisson** est une bonne source de protéines à la concentration élevée en nutriments, et une source de vitamine B12. Il est conseillé de présenter régulièrement un repas de poisson pour que les enfants s'habituent à en manger parce que c'est vraiment un aliment riche et sain.*

SUPERALIMENTS

SUPERALIMENTS

*Le **thon** est un véritable superaliment qu'il est conseillé d'avoir en réserve dans son garde-manger. Il est riche en protéines, en vitamine D et B12. Également riche en acides gras oméga-3, il constitue une bonne protection contre les maladies du cœur.*

Tagliatelle au thon

Ce plat de pâtes est nutritif et délicieux. Pour vous faciliter le travail, vous pouvez mélanger des aliments prêts à servir et des aliments frais. Dans cette recette, j'ai utilisé de la crème de tomates et du thon en conserve, deux ingrédients qu'il est bon d'avoir en réserve.

POUR LA SAUCE À LA TOMATE ET AU THON
1/2 oignon pelé et haché finement
25 g (1 1/2 c. à soupe) de beurre
1 c. à soupe de fécule de maïs
400 g (14 oz) de crème de tomates en conserve
Une pincée de fines herbes
1 c. à soupe de persil haché
200 g (7 oz) de thon à l'huile, égoutté et émietté
Poivre noir fraîchement moulu

175 g (6 oz) de tagliatelle aux épinards
1 c. à soupe de parmesan fraîchement râpé

POUR LA SAUCE AU FROMAGE ET AUX CHAMPIGNONS
1/2 oignon pelé et haché finement
40 g (3 c. à soupe) de beurre
110 g (1/4 de lb) de champignons lavés coupés en lamelles
15 g (2 c. à soupe) de farine
300 ml (1 1/4 tasse) de lait complet
110 g (1/4 de lb) de cheddar râpé

Préchauffer le four à 180 °C/350 °F/Th. 4. Pour faire la sauce à la tomate et au thon, faire ramollir l'oignon dans le beurre, dans une poêle. Dissoudre la fécule de maïs dans 125 ml (1/2 tasse) d'eau. Mélanger avec la crème de tomates. Ajouter les fines herbes et le persil haché et faire cuire à feu doux pendant 5 minutes en remuant. Incorporer le thon émietté et chauffer. Poivrer légèrement.

Pour la sauce au fromage et aux champignons : faire sauter l'oignon dans le beurre, ajouter les champignons, et faire sauter pendant 3 minutes. Ajouter la farine et continuer de remuer. Verser le lait graduellement, et faire cuire, tout en remuant jusqu'à ce que la sauce épaississe et soit bien onctueuse. Retirer la casserole du feu et incorporer le cheddar râpé.

Faire cuire les tagliatelle *al dente*, dans l'eau légèrement salée ; égoutter. Incorporer la sauce à la tomate et au thon et bien mélanger les tagliatelle. Beurrer un plat pour lasagnes d'environ 22 x 15 x 8 cm (8 1/2 x 6 x 3 1/4 po) ; y mettre la moitié des tagliatelle à la tomate et au thon ; couvrir de la moitié de la sauce au fromage et aux champignons. Ajouter ensuite le reste de tagliatelle à la tomate et au thon ; couvrir du reste de sauce au fromage aux champignons. Saupoudrez de parmesan. Cuire au four pendant 20 minutes ; passer quelques minutes au gril avant de servir.

Boucles au saumon et aux tomates

Présenter des pâtes avec d'autres aliments moins aimés des enfants, comme le poisson, est une bonne façon de les encourager à manger ces aliments. La préparation de cette délicieuse recette ne prend que quelques minutes.

125 g (4 1/2 oz) de pâtes en forme de boucle
200 g (7 oz) de filets de saumon frais
Un bon morceau de beurre
Sel et poivre noir fraîchement moulu
6 c. à soupe de crème fraîche
8 c. à soupe (1/2 tasse) de ketchup aux tomates
1 c. à soupe de ciboulette hachée
3 tomates italiennes pelées, égrenées et coupées en morceaux

Cuire les pâtes dans l'eau légèrement salée, selon les indications sur l'emballage. Placer le saumon dans un plat allant au micro-ondes ; mettre de petits morceaux de beurre sur les filets ; saler et poivrer. Couvrir et faire cuire de 2 à 2 1/2 minutes, selon l'épaisseur des filets. Retirer le saumon et réserver le jus du poisson.

Faire chauffer la crème fraîche, le ketchup aux tomates et le jus des filets, tout en mélangeant pour obtenir une consistance onctueuse. Ajouter la ciboulette et les tomates ; assaisonner selon le goût ; laisser mijoter pendant 1 minute. Émietter soigneusement le saumon pour s'assurer qu'il n'y a pas d'arêtes et ajouter à la sauce. Égoutter les pâtes, incorporer la sauce et mélanger.

*Le **saumon**, comme les autres poisons gras, protège des crises cardiaques et des accidents vasculaires cérébraux parce qu'il permet la libre circulation du sang, réduisant ainsi le risque d'obstruction des vaisseaux. Plus le poisson est de couleur foncée, plus le taux de matières grasses qu'il contient est élevé ; assurez-vous donc de mettre au menu du poisson foncé une ou deux fois par semaine.*

SUPERALIMENTS

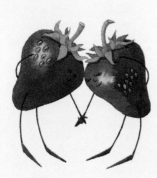

 5 portions

 Les **fraises** sont une bonne source de vitamine C et renferment de l'acide ellagique, un agent phytochimique qui combat le cancer.

SUPERALIMENTS

Croustade aux fraises et à la rhubarbe

Cette croustade marie délicieusement différents arômes et la couleur rose de la rhubarbe est tellement attirante. Cette recette est également rapide et facile à préparer. À servir avec de la crème anglaise ou de la crème glacée.

POUR LA GARNITURE DE LA CROUSTADE

150 g (1 1/4 tasse) de farine
Sel
100 g (1/2 tasse) de beurre froid coupé
   en petits morceaux
75 g (1/3 de tasse) de cassonade
50 g (2 oz) d'amandes moulues

400 g (14 oz) de rhubarbe
110 g (1/4 de lb) de fraises
60 g (1/4 de tasse) de sucre
25 g (1 oz) d'amandes moulues

Préchauffer le four à 200 °C/400 °F/Th. 6. Mélanger la farine avec une bonne pincée de sel dans un bol. Ajouter le beurre et l'effriter avec les doigts pour en faire une chapelure grossière. Incorporer la cassonade et les amandes.

   Couper la rhubarbe en petits morceaux et les fraises en deux. Saupoudrer d'amandes moulues le fond d'un plat rond de 17 cm (7 po) pour le four. Mélanger la rhubarbe et les fraises avec le sucre ; mettre dans le plat. Couvrir les fruits de la garniture de croustade et asperger de quelques gouttes d'eau pour qu'elle soit croustillante. Cuire au four jusqu'à ce que la croustade soit bien dorée (environ 25 minutes).

4 portions

*La peau des grains de **raisin blanc et rouge** contient de l'anthocyane, un pigment aux propriétés anticancérigènes. Par ailleurs, il semble bien qu'un verre de vin rouge par jour permette de prévenir les maladies cardiaques.*

SUPERALIMENTS

Gélatines aux fruits

1 sachet de 135 g (4 1/2 oz) de gélatine à l'orange, à la fraise ou à la framboise
1 orange pelée, coupée en quartiers (pépins retirés)
50 g (2 oz) de grains de raisin noir ou rouge sans pépins, coupés en deux
110 g (1/4 de lb) de fraises équeutées et coupées en quatre
1 pêche bien mûre pelée, dénoyautée et coupée en morceaux

Préparer la gélatine selon les indications sur l'emballage et laisser refroidir. Répartir les fruits préparés entre quatre ramequins de 200 ml (7 oz) et y verser la gélatine. Laisser refroidir au réfrigérateur jusqu'à ce que la gélatine soit ferme. Tremper les moules dans de l'eau chaude et les renverser sur une assiette. Peut être préparé dans un bol plutôt que dans des ramequins.

*Les **amandes** sont un véritable superaliment. Elles contiennent du calcium, du fer, du zinc et du magnésium. Leur teneur en matières grasses est très élevée, de même que leur teneur protéinique. Elles sont très énergisantes. Les matières grasses qu'elles contiennent sont des gras non saturés, de bons gras. Toutes les noix devraient être mangées fraîches parce que sinon elles accumulent des contaminants qui peuvent provoquer des maladies. On ne devrait pas donner de noix entières aux enfants de moins de 5 ans, car ils pourraient s'étouffer (voir p. 69).*

Pudding aux pommes et aux amandes

Mi-gateau, mi-pudding, cette recette se prépare sans farine. Sa consistance est moelleuse, tendre et délicieuse. C'est un très bon dessert ou, encore, une excellente collation.

2 pommes Granny Smith
1 c. à café (à thé) de jus de citron
160 g (3/4 de tasse) de cassonade ramollie
1/2 c. à café (à thé) de cannelle moulue
175 g (3/4 de tasse) de beurre
3 œufs moyens, blanc et jaune séparés
175 g (6 oz) d'amandes moulues
Quelques gouttes d'essence d'amande
1 c. à café (à thé) de levure chimique
Sucre glace pour la garniture

Préchauffer le four à 150 °C/300 °F/Th. 2. Peler et évider les pommes ; couper en quartiers. Prendre 2 quartiers et les couper en très fines lamelles ; mêler au jus de citron et réserver. Couper le reste des quartiers de pommes plus gros (quatre morceaux par quartier), asperger de jus de citron, saupoudrer de 1 c. à soupe de sucre et de la cannelle.

Battre le beurre avec le reste de sucre jusqu'à ce que le mélange soit mousseux et léger. Incorporer les jaunes d'œufs ; battre le mélange puis, ajouter les amandes, l'essence d'amande et la levure chimique. Battre les blancs d'œufs jusqu'à ce qu'ils forment des pics fermes et incorporer délicatement à la pâte à gâteau. Ajouter les morceaux de pommes et verser le tout dans un moule beurré de 20 cm (8 po) de diamètre. Lisser la surface à l'aide d'une palette métallique. Disposer les fines lamelles de pommes sur le gâteau. Faire cuire au four pendant 1 h 15. Au bout de 45 minutes de cuisson, couvrir le gâteau d'une feuille de papier sulfurisé pour que le dessus ne brûle pas.

Smoothies aux fruits

À la pêche

On peut également préparer cette boisson avec des fraises ou ajouter deux fraises au smoothie à la pêche.

1 grosse orange pressée
1 grosse pêche juteuse
1/2 petite banane

Passer tous les ingrédients au mélangeur.

Délice tropical

On peut remplacer la banane par une pêche.

110 g (1/4 de lb) de chair de mangue pelée et coupée en morceaux
1 petite banane ou 1/2 banane moyenne
1 orange pressée
1 fruit de la passion (facultatif)

Passer la mangue, la banane et le jus d'orange au mélangeur. Si vous utilisez un fruit de la passion, ne le passez au mélangeur qu'à la dernière minute.

À la nectarine et à la fraise

Les bananes surgelées permettent de faire de délicieux smoothies. Placez une banane non pelée au congélateur pendant 3 heures.

1 petite banane congelée
2 grosses nectarines juteuses pelées, dénoyautées et coupées en morceaux
4 fraises équeutées et coupées en deux
125 ml (1/2 tasse) de jus d'orange
125 g (4 1/2 oz) de yogourt à la vanille

Peler la banane et la couper en morceaux. Passer tous les ingrédients au mélangeur jusqu'à l'obtention d'une consistance veloutée.

 1 grand verre ou 2 petits verres

*Les **smoothies** sont parfaits pour le petit-déjeuner ou pour une collation. Leur teneur en antioxydants est élevée parce qu'ils sont faits à partir de fruits frais.*

Manger mieux :

si vous éprouvez des difficultés à faire avaler à votre enfant les cinq portions quotidiennes recommandées de fruits et légumes, présentez-lui des smoothies aux fruits préparés avec des fruits frais ou en conserve. On peut en faire avec n'importe quel fruit. Demandez à votre enfant de vous aider à peler et à couper les fruits. Il pourra goûter différentes saveurs. Pour que la boisson soit sucrée, vous pouvez ajouter de la crème glacée.

Yogourt glacé à la pêche melba et aux brisures de meringue

Une nouvelle version de la pêche melba traditionnelle; les enfants aimeront les morceaux de meringue croquante dans ce yogourt glacé.

225 g (1/2 lb) de framboises fraîches ou 2 boîtes de 400 g (14 oz) de framboises
810 g (28 oz) de moitiés de pêches en conserve
400 ml (1 1/2 tasse) de yogourt nature
50 g (1/3 de tasse) de sucre glace tamisé
200 ml (1 3/4 tasse) de crème épaisse
60 g (2 1/2 oz) de meringues émiettées

Réduire les framboises en purée (les égoutter si elles sont en conserve); réduire en purée les trois quarts des pêches. Mélanger le yogourt, le sucre glace et la purée de fruits. Ajouter la crème épaisse et mélanger au robot culinaire pendant 30 secondes. Placer dans une sorbetière. Vers la fin du temps de congélation, ajouter les pêches réservées et les meringues émiettées.

Autre possibilité : placer dans un contenant allant au congélateur et congeler pendant 1 h 30; retirer du congélateur et bien remuer. Remettre au congélateur pendant 1 h. Retirer et bien remuer.

8 portions

Le **yogourt probiotique** contient de bonnes bactéries qui équilibrent la quantité de bonnes et de moins bonnes bactéries dans le système digestif, et qui aident à prévenir certaines maladies. Le yogourt probiotique peut soulager un enfant atteint de diarrhée à cause de sa prise d'antibiotiques car ces derniers déséquilibrent l'interaction des bactéries dans l'intestin. Les fabricants de yogourts aux fruits affirment que leurs produits sont faibles en gras, mais ils contiennent de grandes quantités de sucre ou d'édulcorant.

Manger mieux :
La publicité fait grand cas des bonnes bactéries ajoutées aux yogourts et aux boissons; elles sont censées freiner la croissance des mauvaises bactéries dans le système digestif. Cependant, certaines bactéries ne survivent pas à l'acide qui se trouve dans l'estomac. Choisissez du yogourt contenant soit du Lactobacillus soit du Bifidobacterium.

Biscuits à l'avoine et aux raisins secs

Ces délicieux biscuits sont rapides et faciles à préparer. Si vous le souhaitez, vous pouvez ajouter une pincée de cannelle moulue pour rehausser le goût.

115 g (1/2 tasse) de beurre doux
100 g (1/2 tasse) de sucre
75 g (1/3 de tasse) de cassonade ramollie
1 œuf
1 c. à café (à thé) d'essence de vanille
150 g (1 1/4 tasse) de farine

1 c. à café (à thé) de levure chimique
1/2 c. à café (à thé) de sel
100 g (4 oz) de flocons d'avoine
100 g (4 oz) de raisins secs

Préchauffer le four à 180 °C/350 °F/Th. 4. Battre le beurre avec le sucre et la cassonade jusqu'à ce que le mélange soit mousseux et léger. Incorporer l'œuf et l'essence de vanille. Mélanger la farine, la levure chimique, le sel et les flocons d'avoine. Incorporer le mélange de beurre et les raisins secs.

Beurrer deux plaques à biscuits ou les couvrir de papier sulfurisé. Former de petites boules de pâte de la taille d'une noix, poser sur la plaque et aplatir du doigt en espaçant. Faire cuire au four pendant 15 minutes ou jusqu'à ce que les bords soient bien dorés.

Sucettes glacées tricolores

La plupart des sucettes glacées vendues dans le commerce contiennent beaucoup trop de sucre, de colorants et d'aromatisants artificiels. Si les pêches ne sont pas de saison, remplacez-les par du jus d'orange frais. Il est très simple de faire vos propres sucettes glacées; il vous suffit de verser du jus de fruits frais, du jus de framboises ou de canneberges, ou encore des smoothies dans des moules à sucette.

250 g (9 oz) de fraises
4 1/2 c. à soupe de miel liquide
3 grosses pêches ou nectarines juteuses, pelées, dénoyautées et coupées en tranches
5 gros kiwis pelés et coupés en tranches

Réduire les fraises en purée au mélangeur. Tamiser pour enlever les graines. Verser 1 1/2 c. à soupe de miel liquide dans la purée de fraises. Ensuite, verser la purée de fraises dans des moules à sucettes de façon à ce qu'un tiers des moules soit rempli; mettre au congélateur (pendant environ 1 h 30). Suivre les mêmes étapes avec les pêches et 1 1/2 c. à soupe de miel (sans tamiser); puis, avec les kiwis qui auront été mélangés au préalable avec le reste de miel.

3 ans et plus :
les repas en famille

Emmenez votre enfant faire les courses et laissez-le mettre la main à la pâte pour que les repas deviennent un moment agréable et amusant. Encouragez-le à partir à l'aventure culinaire et à découvrir de délicieux plats exotiques.

Les repas en famille

Entre l'âge de 3 et 5 ans, la dextérité manuelle de votre enfant s'améliore; il devrait pouvoir manger avec un couteau et une fourchette, et avoir toutes ses dents de lait. Les recettes de ce chapitre sont conçues pour être servies à tous les membres de la famille, avec un ingrédient supplémentaire qui plaira aux enfants : l'attrait enfantin.

Le plus grand changement que vivra votre enfant à cet âge-là sera probablement sa première rentrée scolaire, à la prématernelle, et les repas doivent s'inscrire dans ses habitudes. Les jeunes enfants doivent prendre un bon petit-déjeuner pour rester en forme jusqu'à midi. Vous devrez peut-être lui préparer une boîte-repas nutritive et agréable qu'il emportera avec lui, à la petite école.

Les jeunes enfants sont davantage enclins à accepter de nouvelles saveurs que les enfants plus âgés; présentez-leur donc une diversité d'aliments le plus tôt possible. Pour préparer les recettes de ce chapitre, je me suis inspirée de la cuisine d'autres pays, et les ai adaptées pour qu'elles plaisent aux enfants, et pour qu'elles soient simples et rapides à préparer. J'ai découvert que mes trois enfants adoraient la cuisine chinoise, indienne et thaïlandaise; essayez donc le Riz frit chinois (p. 123), le Riz frit au poulet et aux crevettes (p. 155), les Nouilles au poulet à la mode thaïlandaise (p. 159) et le Curry de bœuf doux (p.167).

Votre enfant mange-t-il suffisamment?

Je connais beaucoup de mamans qui se demandent sans cesse si leur enfant s'alimente suffisamment. Comment donc savoir si un jeune enfant obtient tous

Suppléments vitaminiques pour votre enfant?

Les comprimés de vitamines ne remplaceront jamais les aliments frais. Il serait ridicule de croire que nous pouvons battre la nature sur son propre terrain. Nous savons maintenant que de nombreux phytonutriments que l'on croyait toxiques il y a quelques années sont essentiels pour lutter contre le cancer. Les fruits et légumes frais renferment peut-être d'autres bienfaits que nous ne connaissons pas encore. Essentiellement, il faut se rappeler que les suppléments ne remplacent pas la nourriture et qu'une bonne alimentation fournira à votre enfant toutes les vitamines et les minéraux dont il a besoin.

les nutriments dont il a besoin? Si l'enfant grandit normalement, qu'il a beaucoup d'énergie, qu'il a l'air d'être en santé et bien portant, alors, peu importe son appétit, il va bien. Il est rassurant de savoir qu'un enfant se développe bien même s'il ne mange pas beaucoup. Les jeunes enfants sont toutefois imprévisibles; un jour, ils sont voraces, et le lendemain, ils n'avalent rien. Analysez l'alimentation d'un enfant au cours d'une semaine plutôt que de vous en inquiéter quotidiennement. Si votre enfant ne semble pas grandir, qu'il tombe souvent malade, qu'il semble apathique, il est possible qu'il souffre d'une carence en fer. Le lait de vache, contrairement au lait maternisé, est une source pauvre en fer. Il vous faudra alors inclure des aliments riches en fer, comme la viande rouge, les grains complets, les légumes feuillus vert foncé et des lentilles, dans son alimentation. La vitamine C améliore l'assimilation du fer, il est donc conseillé d'offrir des jus de fruits riches en vitamine C, jus d'orange ou de canneberges, pendant le repas.

Une boîte-repas originale

Vous êtes-vous jamais demandé pourquoi les écoliers ne semblent plus apprendre, que leur niveau de concentration, que leur comportement même, semblent se dégrader après l'heure du midi? La réponse se trouve dans leur boîte-repas : leur contenu doit être bon et nutritif. De récentes études montrent qu'en moyenne, une boîte-repas contient des croustilles et une barre de chocolat; très peu d'enfants mangent un fruit frais à midi. Un tel repas très élevé en matières grasses, en sel et en glucides raffinés provoquera une fatigue, résultant en un manque de concentration. De plus, une alimentation élevée en graisses saturées et en sel ouvre la voie aux maladies cardiovasculaires et à une tension artérielle élevée dans la vie adulte de l'enfant.

Une boîte-repas nutritive devrait être équilibrée et offrir des glucides complexes, des protéines (voir les suggestions ci-dessous), des fruits frais et une boisson. Ainsi, l'après-midi, votre enfant devrait pouvoir se concentrer, apprendre et ne pas avoir de problèmes de comportement.

Une boîte-repas plus appétissante

En apportant sa boîte-repas à l'école, c'est un peu de son chez-soi que l'enfant emporte avec lui. Lorsque mes enfants ont dû emporter une boîte-repas à l'école, je me suis retrouvée face au défi de penser à de nouvelles recettes qui les inciteraient à manger sainement et qui les feraient sourire après une longue matinée à l'école. Un simple geste suffit : dessiner un petit bonhomme souriant sur une banane, avec un crayon-feutre, lui apposer des autocollants ou encore couper des sandwichs à l'aide d'emporte-pièces.

Vous pouvez décider du contenu de la boîte-repas de votre enfant, mais pas de ce qu'il va avaler. Cette remarque va vous paraître ridicule, mais envoyez votre enfant à l'école avec, dans sa boîte-repas, des aliments qu'il aime. Si vous avez suffisamment de temps, faites-le participer à la préparation de sa boîte-repas ou, encore, discutez-en la veille pour savoir ce qu'il aimerait y trouver le lendemain.

Votre enfant ne mangera que les aliments qu'il est prêt à manger devant tout le monde à la cafétéria de l'école. La plupart des enfants sont très influencés

Aliments chauds que l'on peut mettre dans un contenant isolant

- haricots au four
- macaronis au fromage
- soupe de tomates
- minestrone
- potage de légumes
- soupe au poulet et aux nouilles

Mini-collations agréables

- fromage frais ou en tubes
- mini-portions de fromage
- morceaux de légumes crus ou de fruits frais
- brochette de poulet satay ou cuisses de poulet grillé
- trempette de fromage ; petit emballage de fromage à la crème avec bâtonnets de pain
- yogourt à boire
- sachet de fruits secs ou de noix (attention au risque d'étouffement pour les moins de 5 ans) ou de raisins secs
- croustilles de carotte, de patate douce ou de betterave
- petites salades de pâtes
- céréales et barres de fruits secs
- boîte individuelle de raisins secs
- petit pot de fruits dans leur jus
- raisins secs enrobés de yogourt (on en trouve dans les magasins d'aliments naturels)
- portion individuelle de compote de fruits
- jus de fruit riche en vitamine C comme du jus d'orange ou du jus de canneberges

par la pression qu'exercent leurs camarades ; et si votre enfant aime manger du chou-fleur cru accompagné d'une trempette à la maison, cela ne veut pas dire qu'il ne sera pas gêné d'en manger à l'école. Il vous faut donc penser à des aliments qui répondent à vos critères de nutrition et qui sont bien perçus par l'entourage social de l'enfant.

La plupart des enfants laisseront de côté les aliments qui prennent trop de temps à avaler ; ils veulent simplement refaire le plein d'énergie rapidement pour pouvoir jouer plus longtemps. Ainsi, donnez-lui des mandarines déjà pelées dans un sachet en plastique ou encore un kiwi coupé en deux et une petite cuillère.

Si votre enfant aime les croustilles, mais que vous ne voulez pas qu'il en mange un sachet, mettez-en dans un sac en plastique que vous nouerez ou alors, mettez-en dans une feuille de papier aluminium.

En hiver, des aliments chauds

En hiver, placez des aliments chauds dans la boîte-repas de votre enfant. Un contenant isolant à goulot large convient bien à une délicieuse soupe maison ou à une soupe toute prête de bonne qualité, chaude et nutritive. C'est la façon idéale de réchauffer votre enfant au terrain de jeux, en hiver.

En été, des aliments frais

La chaleur est propice à la multiplication de bactéries ; les boîtes-repas doivent donc rester fraîches. Pour l'été, n'oubliez pas d'ajouter un petit bloc réfrigérant pour que les aliments restent au frais. Vous pouvez également mettre une petite boîte de jus au congélateur la veille, et la placer dans la boîte-repas le matin ; à midi, la boîte sera décongelée et elle aura permis que les autres aliments restent au frais au cours de la matinée.

Sandwichs

Il n'est pas nécessaire que les sandwichs soient ennuyeux. La présentation de la nourriture est très importante pour les enfants. Variez le type de pain avec lequel vous ferez les sandwichs : bagels, baguette, pain italien ou aux raisins secs. Il n'est pas toujours nécessaire de beurrer le pain, surtout si vous le tartinez de fromage à la crème ou de beurre d'arachide. Enveloppez les sandwichs dans un sachet en plastique, dans une feuille de papier aluminium ou encore placez-les dans des boîtes conçues pour les sandwichs pour qu'ils ne se désassemblent pas. Voici quelques petites astuces pour rendre un sandwich ordinaire amusant :

Formes variées : à l'aide d'emporte-pièces, découpez des animaux, des personnages, des voitures dans les sandwichs. Les enfants aiment bien les tartinades au beurre d'arachide, au fromage à la crème et au concombre, à la tartinade de légumes, aux œufs mayonnaise accompagnés de laitue et de cresson.

Mini-pitas : On peut les remplir de flocons de thon accompagnés de maïs sucré ou d'une tranche de dinde avec du gruyère et de la laitue.

Sandwichs dépareillés : pour encourager votre enfant à manger du pain complet, faites un sandwich avec une tranche de pain complet et une de pain blanc. Coupez le sandwich en quatre et superposez les mini-sandwichs en alternant le type de pain.

Tortillas roulées : pour varier, offrez-lui les Fajitas au poulet (p. 164) ou les Tortillas roulées au thon (p. 170). Les tortillas au blé sont recommandées pour les farces salées.

Les enfants dans la cuisine

Les enfants aiment mettre la main à la pâte et ont tendance à vouloir manger le repas qu'ils ont aidé à préparer. Il est désolant de constater que la cuisine est une composante absente des programmes scolaires. Savoir cuisiner est essentiel. L'école s'occupe d'apprendre aux enfants à lire, à écrire et à compter, mais si personne ne leur enseigne à cuisiner, alors il est fort probable qu'ils grandiront dépendants d'aliments tout prêts ou transformés pour se nourrir.

Beaucoup d'enfants de 5 ans jouent fort bien aux jeux vidéo, mais combien d'entre eux savent presser une orange ou casser un œuf? Les enfants aiment cuisiner, particulièrement toucher, pétrir, rouler la pâte ou même casser des œufs, mais on ne leur permet pas suffisamment d'être dans la cuisine parce qu'ils font des dégâts. Les enfants prennent beaucoup de plaisir à accomplir des activités que les adultes considèrent comme ordinaire ; ces tâches leur donnent le sentiment de partager et d'accomplir quelque chose.

En fin de semaine, quand on dispose de plus de temps, on peut faire participer les enfants à la préparation du petit-déjeuner. Il est intéressant de constater qu'ainsi ils mangent mieux. La préparation de crêpes, de pain perdu, d'œufs brouillés ou d'une orange pressée fait partie des capacités des jeunes enfants, avec bien sûr un petit coup de main de papa ou maman.

Garnitures à sandwich poppulaires :

- œufs mayonnaise et cresson
- sardines pilées et ketchup
- beurre et tartinade de légumes, avec laitue et cheddar râpé
- fromage à la crème et concombre
- beurre d'arachide
- fromage râpé, tomate et laitue
- jambon, emmenthal et concombre
- thon mayonnaise avec céleri ou concombre
- poulet mayonnaise avec laitue

Menu

	MATIN	MIDI	SOIR
JOUR 1	œuf à la coque ou œuf frit avec mouillettes yogourt fruit	Tortillas au thon (p. 170) fruit	Hamburgers à la pomme (p. 166) légumes Croustade de pommes caramélisées (p. 175)
JOUR 2	céréales fromage pruneaux en conserve	Laitue farcie au poulet, sauce aux prunes (p. 158) Sucettes au sorbet de fraises (p. 178)	Lasagne aux tomates et au basilic (p. 171) fruit et crème glacée
JOUR 3	muffin aux pommes, à l'avoine et aux raisins secs (p. 182) fromage blanc fruit	Mini-hamburgers aux légumes (p. 172) fruit	Pâté au poisson et aux crevettes (p. 169) Croustade aux pêches et aux petits fruits (p. 174)
JOUR 4	œufs brouilles et pain grillé fruit	Soupe au poulet et aux nouilles (p. 154) pomme de terre au four fruit	Poulet et nouilles à la sauce thaïlandaise (p. 159) fruit
JOUR 5	haricots au four et pain grillé fruit	Hamburgers aux légumes et au tofu (p. 170) Gâteau glacé au chocolat blanc et noir (p. 178)	Sauté de bœuf en lanières (p. 166-167) Sucette au jus de canneberges, limonade et orange (p. 179)
JOUR 6	crêpe ou gaufre avec sirop d'érable fromage blanc fruit	pizza fruit et crème glacée	Escalope de veau et rösti (p. 163) avec légumes fruit
JOUR 7	gruau avec miel ou confiture fromage fruit	Côtelettes d'agneau marinées (p. 163) avec légumes Lait fouetté aux petits fruits (p. 183)	Fajitas au poulet (p. 164) Gélatine aux canneberges et à la framboise, avec petits fruits (p. 180)

L'alimentation de votre enfant doit inclure trois portions quotidiennes de produits laitiers, p. ex. du fromage, un yogourt ou une boisson au lait.

3 ans et plus 153

*Le **gingembre** facilite la digestion et est un bon remède contre les nausées, le mal des transports. Le gingembre frais râpé incorporé à une boisson au citron chaud et au miel soulage les symptômes du rhume. Pressez la moitié d'un citron ; ajoutez du gingembre frais râpé, 1 ou 2 c. à café (à thé) de miel et versez de l'eau bouillante.*

Manger mieux :

si vous ne désirez pas préparer vous-même le bouillon de poulet, achetez-le en conserve au supermarché ; il est frais et bon.

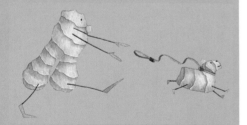

Soupe au poulet et aux nouilles

1 poitrine de poulet

POUR LA MARINADE
2 c. à soupe de sauce soja
1 c. à café (à thé) d'huile de sésame
1/2 c. à café (à thé) de gingembre frais râpé
1 c. à soupe de miel
1 gousse d'ail écrasée

1,3 litre (5 tasses) de bouillon de poulet
110 g (1/4 de lb) de nouilles aux œufs
75 g (3 oz) de maïs sucré en conserve ou surgelé
3 ciboules hachées finement

Couper la poitrine de poulet en deux de façon à former deux minces filets. Mélanger tous les ingrédients de la marinade et y faire mariner le poulet pendant 30 minutes.

Porter le bouillon à ébullition ; réduire à feu doux et pocher le poulet pendant 8 minutes. Retirer le poulet à l'aide d'une écumoire et réserver la marinade ; laisser refroidir. Couper le poulet en très fines lanières.

Cuire les nouilles selon les indications sur l'emballage. Incorporer le maïs, les ciboules et la marinade au bouillon. Porter à ébullition. Incorporer ensuite les lanières de poulet et les nouilles ; réchauffer.

Riz frit au poulet et aux crevettes

200 g (1 tasse) de riz à grain long
4 échalotes coupées en très fines tranches (ou 2 petits oignons pelés et coupés en rondelles)
Environ 250 ml (1 tasse) d'huile végétale

POUR L'OMELETTE
1 œuf
sel
1/4 de c. à café (à thé) de sucre
1/2 c. à café (à thé) d'eau

1 poitrine de poulet coupée en fines lanières
1 gousse d'ail écrasée
Une pincée de chili doux en poudre
110 g (1/4 de lb) de crevettes cuites
4 ciboules coupées en tranches
1 c. à soupe de sauce soja
1 c. à soupe de persil frais haché

Cuire le riz selon les indications sur l'emballage ; laisser refroidir. Faire chauffer 2,5 cm (1 po) d'huile dans une petite poêle à frire. Pour vérifier la température de l'huile, y laisser tomber un petit morceau d'échalote ; s'il grésille et forme des bulles, alors l'huile est chaude. Faire sauter les fines tranches d'échalote en deux fois, jusqu'à ce qu'elles deviennent dorées (1 à 2 minutes) ; égoutter sur du papier absorbant.

Battre l'œuf, le sel, le sucre et l'eau. Faire chauffer 1 c. à café (à thé) d'huile végétale dans une poêle. Verser l'œuf et à l'aide d'une cuillère en bois, remuer pour étendre l'omelette en une fine couche dans le fond de la poêle. Faire cuire pendant 1 minute jusqu'à ce que l'omelette soit ferme ; retourner et faire cuire pendant 30 secondes de l'autre côté. Retirer de la poêle et couper en lanières.

Faire chauffer 2 c. à soupe d'huile végétale dans un wok ou une poêle à frire et y faire sauter le poulet et l'ail de 3 à 4 minutes. Ajouter le chili en poudre, les crevettes et les ciboules ; faire sauter pendant 2 minutes. Ajouter le riz, la sauce soja et le persil, et faire sauter de 4 à 5 minutes. Enfin, ajouter les lanières d'omelette et les échalotes dorées.

 6 portions

SUPERALIMENTS

*Les **crevettes** sont une excellente source de vitamine B12, nécessaire à la formation des globules rouges et des nerfs. Elles sont riches en sélénium, important pour la croissance et qui combat les maladies cardiaques et le cancer*

*Les recherches ont désormais prouvé que l'**huile d'olive** était l'une des huiles les plus saines. Elle a une teneur très élevée en antioxydants et en acides gras monoinsaturés, qui protègent contre les maladies cardiaques.*

Mini-pizzas en escargots

Voici une manière originale de présenter des pizzas individuelles. On peut bien sûr la présenter dans sa pâte ronde traditionnelle, recouverte de sauce à la tomate de très bonne qualité, de mozzarella et de garnitures, comme des champignons ou des rondelles de pepperoni.

2 c. à café (à thé) de levure vivante
1 c. à café (à thé) de sucre
1/2 c. à café (à thé) de sel
1 c. à soupe d'huile d'olive
125 ml (1/2 tasse) d'eau tiède
185 g (1 1/2 tasse) de farine
1 œuf légèrement battu

POUR LA GARNITURE
1 c. à soupe de concentré de tomate
1/4 de c. à café (à thé) de purée d'ail
1 c. à soupe de pesto rouge

POUR LA DÉCORATION
150 g (5 oz) de mozzarella râpée
1/4 de poivron rouge égrené et coupé en lanières
1 pepperoni de 25 g (1 oz)

Dans un petit bol, mélanger la levure vivante, le sucre et le sel. Verser l'huile d'olive et l'eau tiède. Laisser mousser pendant 10 minutes. Tamiser la farine dans un grand bol. Creuser un puits au centre et incorporer le mélange à la levure à l'aide d'une cuillère en bois. Ajouter un peu d'eau si nécessaire, pour que la pâte soit plus souple.

Poser la pâte sur une surface farinée, et pétrir jusqu'à ce qu'elle soit souple (environ 5 minutes). Placer la pâte dans un bol légèrement huilé ; couvrir d'un torchon humide et laisser reposer dans un endroit chaud jusqu'à ce qu'elle ait doublé de volume (environ 50 minutes). Pour savoir si elle a bien levé, appuyer deux doigts dans la pâte ; si l'empreinte des doigts se voit, c'est qu'elle est prête. Rompre la pâte avec le poing puis la pétrir pendant quelques minutes jusqu'à ce qu'elle soit souple et élastique.

Diviser la pâte en huit morceaux et chaque morceau en deux (l'un aux deux tiers et l'autre, au tiers). Rouler le plus gros morceau en forme de baguette de 22 cm (8 1/2 po) de longueur et l'enrouler (la coquille de l'escargot). Rouler l'autre morceau en forme de baguette de 14 cm (5 1/2 po) de longueur ; ce sera le corps de l'escargot. Poser sur une plaque à biscuits, badigeonner d'œuf battu et faire cuire à 200 °C/400 °F/Th. 6 pendant 10 minutes.

Mélanger les ingrédients de la garniture et déposer sur la coquille de l'escargot. Recouvrir de mozzarella et faire cuire pendant 5 minutes. Décorer pour que les pizzas ressemblent à des escargots, leurs antennes étant faites de poivron rouge et de petites tranches de pepperoni. Servir.

SUPERALIMENTS

*La **laitue** est riche en vitamines A et C, en potassium, en calcium et en acide folique. Plus les feuilles de la laitue sont foncées, plus elles contiennent de nutriments. La laitue contient aussi des agents phytochimiques qui jouent le rôle d'un léger sédatif qui aident à dormir. Retirer et jeter les feuilles extérieures de la laitue.*

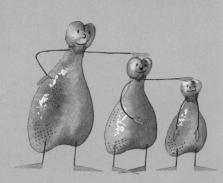

Laitue farcie au poulet, sauce aux prunes

Je crois qu'il est très important que la nourriture soit amusante pour les enfants et j'ai découvert qu'ils aimaient vraiment la préparer. La laitue croquante, le poulet tendre et les légumes accompagnés de sauce aux prunes, une combinaison gagnante. Avec les doigts, s'il vous plaît!

1 c. à soupe de farine
1/4 de c. à café (à thé) de gingembre moulu
1/4 de c. à café (à thé) de curry doux
Sel et poivre noir fraîchement moulu
1 grosse poitrine de poulet coupée en dés
1 c. à soupe d'huile végétale
1 gousse d'ail écrasée
1/2 petit oignon pelé et haché
50 g (2 oz) de carottes coupées en très petits dés
50 g (2 oz) de courgette coupée en très petits dés
4 c. à soupe de bouillon de poulet
Une laitue pommée

POUR LA SAUCE AUX PRUNES
4 c. à soupe de confiture de prunes
1 c. à soupe de sauce soja
1/4 de c. à café (à thé) de chili doux en poudre
2 c. à café (à thé) de vinaigre de riz ou de vinaigre de vin blanc

Mélanger la farine, le gingembre, le curry, le sel et le poivre ; ajouter les petits morceaux de poulet et remuer pour bien les enrober d'épices. Chauffer l'huile dans un wok ou une poêle à frire ; faire frire l'ail et l'oignon pendant 2 minutes. Ajouter les carottes et faire cuire pendant une minute. Incorporer le poulet et faire frire pendant 4 minutes tout en remuant. Ajouter la courgette et faire cuire pendant 1 minute. Ensuite, verser le bouillon de poulet et faire cuire jusqu'à épaississement (environ 2 minutes).

Mettre tous les ingrédients pour la sauce aux prunes dans une petite casserole à feu doux. Remuer jusqu'à ce que la confiture ait fondu. Tamiser et laisser reposer.

Mettre le mélange de poulet dans des feuilles de laitue ; verser une petite cuillerée de sauce aux prunes. Fermer les feuilles de laitue de façon à former des petits paquets.

Poulet et nouilles à la mode thaïlandaise

Cette délicieuse recette est aromatisée au beurre d'arachide et au lait de noix de coco. C'est le repas idéal pour toute la famille et en plus, facile à préparer.

1 c. à soupe d'huile de tournesol
1 oignon pelé et haché finement
2 grosses poitrines de poulet coupées en lanières
110 g (1/4 de lb) de bouquets de brocoli
1/2 c. à café (à thé) de chili vert haché
200 ml (7 oz) de lait de coco
4 c. à soupe de beurre d'arachide
Le jus de 1/2 citron vert
1 c. à soupe de sauce soja
100 ml (3 1/2 oz) de bouillon de poulet
110 g (1/4 de lb) de germes de haricots
150 g (5 oz) de vermicelle chinois

Faire chauffer l'huile dans une poêle ou un wok et faire revenir l'oignon pendant 4 minutes. Ajouter le poulet, le brocoli et le chili et faire sauter pendant 3 minutes. Incorporer le lait de coco, le beurre d'arachide, le jus de citron, la sauce soja, le bouillon de poulet et les germes de haricots. Laisser mijoter tout en remuant jusqu'à ce que le beurre d'arachide ait fondu, et faire cuire de 3 à 4 minutes. Pendant ce temps, préparer les nouilles selon les indications sur l'emballage. Égoutter et incorporer la sauce.

4 portions

*Le **beurre d'arachide** est très riche en nutriments et très énergisant; c'est une excellente source de protéines, d'acide folique, de calcium et de zinc, très important dans le développement d'un système immunitaire sain.*

SUPERALIMENTS

Curry de poulet à la thaïlandaise

4 portions

1 c. à soupe d'huile végétale
2 grosses poitrines de poulet
150 g (5 oz) de pommes de terre nouvelles coupées en fines tranches
400 ml (14 oz) de crème de noix de coco
2 c. à café (à thé) de pâte de curry thaïlandais
600 ml (2 1/3 tasses) de bouillon de poulet
75 g (3 oz) de haricots verts parés
75 g (3 oz) de maïs miniatures
110 g (1/4 de lb) de bouquets de brocoli hachés
12 tomates cerises coupées en deux
1 c. à café (à thé) de sucre
1 c. à café (à thé) de jus de citron ou de citron vert

Faire chauffer l'huile dans un wok ou une grande poêle et y faire frire le poulet et les pommes de terre jusqu'à ce que le poulet blanchisse (3 à 4 minutes). Incorporer la crème de noix de coco, la pâte de curry thaïlandais et le bouillon de poulet. Laisser mijoter à feu moyen-doux de 5 à 6 minutes, puis ajouter les haricots, les maïs et le brocoli. Laisser mijoter jusqu'à ce que les légumes soient tendres (de 8 à 10 minutes). Ajouter les tomates, le sucre et le jus de citron.

Manger mieux :
le régime alimentaire de nombreux enfants se limite souvent aux hamburgers, aux pizzas et aux pépites de poulet. Présentez-leur une diversité d'arômes pour ne pas qu'ils deviennent difficiles. Ils aiment bien le curry doux, surtout accompagné de crème de noix de coco, comme dans cette recette.

4 portions

Riz pilaf

L'arôme de ce riz est très agréable ; il devient jaune grâce au curcuma, ce qui en fait un plat très attirant.

200 g (1 tasse) de riz basmati
15 g (1 c. à soupe) de beurre
1/2 c. à café (à thé) de curcuma
2 gousses de cardamome
2 clous de girofle
1/2 bâton de cannelle
350 ml (1 1/3 tasse) d'eau bouillante
Sel

*Les **épices** sont très bonnes pour la santé. Il semble que la cardamome soulage l'indigestion, la toux et le rhume. La cannelle soulage l'indigestion, la diarrhée et la congestion nasale. Quant au curcuma, il soulage les inflammations et l'indigestion.*

SUPERALIMENTS

Rincer le riz dans une passoire jusqu'à ce que l'eau qui s'en écoule soit claire. Dans une casserole de taille moyenne, faire fondre le beurre ; ajouter le riz et les épices et remuer jusqu'à ce que le tout soit bien enrobé de beurre. Verser l'eau bouillante et ajouter une pincée de sel. Couvrir et laisser cuire à feu très doux pendant 10 minutes. Retirer du feu et laisser reposer, sans remuer, pendant 10 minutes. Retirer la cardamome, le bâton de cannelle et les clous de girofle. Faire gonfler à l'aide d'une fourchette.

Cannellonis au poulet

Ce plat plaira très certainement aux enfants surtout si on décore ces délicieux cannellonis pour qu'ils ressemblent à des personnages au lit (voir *Cannellonis aux épinards et à la ricotta*, p. 127). Les enfants un peu plus âgés voudront certainement vous aider à les décorer.

POUR LA FARCE À LA TOMATE ET AU POULET
1 oignon pelé et haché
1 petite gousse d'ail écrasée
1 c. à soupe d'huile d'olive
40 g (1 1/2 oz) de champignons coupés en morceaux
1/2 c. à café (à thé) de fines herbes séchées
225 g (1/2 lb) de poulet haché
400 g (14 oz) de tomates concassées en conserve
1/2 c. à soupe de ketchup aux tomates

POUR LA SAUCE AU FROMAGE
25 g (1 1/2 c. à soupe) de beurre
25 g (3 c. à soupe) de farine
1/2 c. à café (à thé) de paprika
400 ml (1 2/3 tasse) de lait complet
110 g (1/4 de lb) de cheddar râpé

8 cannellonis sans précuisson

Faire sauter l'oignon et l'ail pendant 2 minutes dans l'huile. Ajouter les champignons, les fines herbes et le poulet ; faire sauter pendant 3 minutes. Incorporer les tomates concassées et le ketchup ; laisser mijoter pendant 20 minutes.

Pour faire la sauce au fromage, faire fondre le beurre et ajouter la farine, le paprika et faire cuire pendant 1 minute. Verser graduellement le lait. Porter à ébullition ; réduire à feu doux et laisser mijoter tout en remuant jusqu'à ce que la sauce ait épaissi. Incorporer 50 g (2 oz) du cheddar râpé.

Préchauffer le four à 180 °C/350 °F/Th. 4. Farcir les cannellonis avec le mélange au poulet, et les disposer dans un plat peu profond allant au four. Verser dessus la sauce au fromage et saupoudrer du reste de fromage ; faire cuire au four pendant 25 minutes.

Escalopes de veau et röstis

Environ 300 g (10 oz) d'escalopes de veau (4)
Sel et poivre noir fraîchement moulu
1 c. à soupe de jus de citron
Farine pour les escalopes
1 œuf légèrement battu
Chapelure assaisonnée
Huile végétale pour la friture

POUR LES RÖSTIS
1 petit oignon pelé
500 g (1 lb 2 oz) de pommes de terres pelées
1 gousse d'ail écrasée
50 g (1/4 de tasse) de beurre

Placer les escalopes de veau entre deux feuilles de pellicule plastique et, à l'aide d'un maillet de cuisine, les aplatir jusqu'à ce qu'elles soient très minces. Assaisonner de sel, de poivre et de jus de citron ; passer dans la farine, dans l'œuf battu puis dans la chapelure assaisonnée. Faire sauter les escalopes dans l'huile végétale pendant 2 à 3 minutes de chaque côté.

Pour les röstis, râper l'oignon et les pommes de terre et mélanger à l'ail ; saler et poivrer. Prendre une petite quantité dans la main, presser pour extraire l'excédent de liquide et faire sauter dans le beurre de 3 à 4 minutes de chaque côté.

Côtelettes d'agneau marinées

4 côtelettes d'agneau

POUR LA MARINADE
2 c. à café (à thé) de jus de citron
1 c. à café (à thé) de sauce soja
1 c. à café (à thé) d'huile de sésame
1 c. à café (à thé) de cassonade ramollie
1/2 c. à café (à thé) d'herbes de Provence
Une pincée de sel
Poivre noir fraîchement moulu

Mélanger tous les ingrédients de la marinade ; y faire mariner l'agneau pendant au moins une heure. Retirer les côtelettes et faire cuire sous un gril à feu moyen-élevé pendant 8 minutes ; les retourner à mi-cuisson et les arroser de temps à autre. Faire bouillir le reste de marinade et verser sur les côtelettes.

4 portions

*Le **veau** est une bonne source de protéines, de vitamine B12 et de zinc. Il contient un peu moins de la moitié de matières grasses de la viande rouge maigre. On peut remplacer le veau par des poitrines de poulet dans cette recette.*

4 portions

*La **viande rouge** et la **viande d'agneau** sont assurément les meilleures sources de fer, suivies de la viande de porc et de poulet. L'agneau contient tous les acides aminés essentiels à la croissance et à la réparation des tissus. Les enfants grandissent si vite qu'ils ont besoin d'aliments à teneur protéinique très élevée. Pour les plus jeunes, coupez l'agneau en dés et retirez toutes les graisses apparentes.*

SUPERALIMENTS

SUPERALIMENTS

Fajitas au poulet

Ces fajitas sont moins épicées et moins relevées afin que les enfants puissent les manger. Mes enfants aiment beaucoup les préparer et les rouler. Tout peut être préparé à l'avance.

2 petites poitrines de poulet coupées en lanières
1/8 de c. à café (à thé) de paprika
1/8 de c. à café (à thé) de chili doux en poudre
1/8 de c. à café (à thé) de cumin (facultatif)
1/4 de c. à café (à thé) d'origan
1 c. à soupe d'huile d'olive
1 gousse d'ail écrasée
1 oignon pelé et émincé
1/2 petit poivron rouge égrené et coupé en fines tranches

POUR LA SALSA AUX TOMATES
1/2 c. à soupe d'huile d'olive
1/4 de chili vert coupé en fines rondelles
1/2 oignon pelé et haché
1/4 de poivron vert égrené et coupé en dés
1 petite gousse d'ail
1/2 c. à café (à thé) de vinaigre de vin rouge
200 g (7 oz) de tomates concassées en conserve
Sel et poivre noir fraîchement moulu
1/2 c. à soupe de persil

8 petites tortillas de blé
75 g (3 oz) de feuilles de laitue en lanières
75 g (3 oz) de cheddar râpé
3 c. à soupe de crème sure (aigre)

Mélanger le poulet avec le paprika, le chili en poudre, le cumin et l'origan. Faire chauffer 1 c. à café (à thé) d'huile dans une poêle et faire sauter le poulet en remuant de temps à autre, de 3 à 4 minutes. Retirer le poulet à l'aide d'une écumoire. Ajouter le reste d'huile et faire sauter l'ail, l'oignon et le poivron rouge pendant 5 minutes. Remettre le poulet dans la poêle, saler et poivrer, et faire cuire jusqu'à ce qu'il soit bien cuit.

Pour la salsa, faire chauffer l'huile et frire le chili, l'oignon, le poivron et l'ail pendant 5 minutes. Ajouter le vinaigre et faire cuire pendant 20 secondes. Ajouter les tomates, du sel, du poivre et le persil ; laisser mijoter à découvert pendant 15 minutes.

Pour l'assemblage, faire chauffer les tortillas au micro-ondes selon les indications sur l'emballage. Mettre un peu de mélange de poulet au centre de la tortilla, ajouter un peu de salsa aux tomates, des lanières de laitue, du fromage râpé, de la crème sure et rouler.

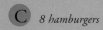
Le **bœuf haché** *est une excellente source de fer. Une carence en fer provoquera de la fatigue et diminuera la résistance aux infections. Choisissez des coupes de viande maigres. Vous pourriez hacher vous-même la viande ou demander à votre boucher de hacher quelques bonnes coupes.*

....

Avertissement :

les hamburgers qui ne sont pas bien cuits pourraient contenir des bactéries dangereuses, comme la E. coli.

Hamburgers à la pomme

450 g (1 lb) de bœuf, agneau ou poulet haché
1 oignon moyen pelé et haché finement
1/2 poivron rouge évidé, égrené et coupé
   en morceaux
1 c. à soupe d'huile végétale
2 c. à soupe de persil frais haché finement
1/2 cube de bouillon de poulet, dissous
   dans 3 c. à soupe d'eau bouillante
25 g (1 oz) de chapelure
1 pomme Granny Smith pelée et râpée
Sel et poivre noir fraîchement moulu
Huile végétale pour la friture

Petits pains, tranches de tomate, feuilles de laitue

POUR LA SAUCE BARBECUE
2 c. à soupe d'huile végétale
1 oignon rouge coupé en dés
1 gousse d'ail écrasée
200 ml (7 oz) de coulis de tomates
2 c. à soupe de concentré de tomate
1/2 c. à café (à thé) de moutarde anglaise
2 c. à soupe de vinaigre de vin blanc
25 g (2 c. à soupe) de cassonade foncée
1 c. à soupe de sauce Worcestershire
Quelques gouttes de tabasco

Faire sauter l'oignon et le poivron rouge jusqu'à ce qu'ils soient tendres (environ 5 minutes), mélanger aux autres ingrédients et former 6 galettes. Les faire brunir et bien cuire dans un peu d'huile végétale (environ 5 minutes de chaque côté). Vous pouvez également les faire cuire sur un gril préchauffé ou au barbecue.

Pour la sauce, faire chauffer l'huile dans une petite casserole et faire fondre l'oignon et l'ail de 3 à 4 minutes. Ajouter les autres ingrédients de la sauce, couvrir et laisser mijoter pendant environ 8 minutes. À l'aide d'un mélangeur manuel (mixeur-plongeur), réduire en purée pour obtenir une consistance onctueuse.

Sauté de bœuf en lanières

*La **viande rouge** contient de très nombreuses bonnes protéines et c'est la meilleure source de fer facilement assimilable. Par ailleurs, c'est une bonne source de zinc et de vitamine B12.*

1 c. à soupe d'huile de sésame
1 gousse d'ail écrasée
1 carotte moyenne coupée en allumettes
1 petite courgette coupée en allumettes
1/2 poivron jaune égrené et coupé en allumettes
300 g (10 oz) de filet de bœuf coupé en très fines lanières
1 c. à soupe de fécule de maïs
150 ml (2/3 de tasse) de bouillon de bœuf
25 g (2 c. à soupe) de cassonade foncée
2 c. à soupe de sauce soja
Quelques gouttes de tabasco
1 c. à soupe de graines de sésame

Faire chauffer l'huile de sésame dans un wok et faire revenir l'ail, la carotte, la courgette et le poivron, de 3 à 4 minutes. Ajouter le bœuf et continuer de faire sauter pendant 4 à 5 minutes. Mélanger la fécule de maïs avec 1 c. à soupe d'eau et verser dans le bouillon de bœuf. Mettre le tout dans le wok avec la cassonade, la sauce soja, le tabasco et les graines de sésame. Laisser mijoter jusqu'à ce que la sauce ait épaissi, et servir avec du riz.

Bœuf au curry doux

C *6 portions*

Le goût des enfants est bien plus évolué qu'on le pense ; il faut donc leur présenter très tôt divers aliments, alors qu'ils sont prêts à accepter de nouvelles saveurs. Les enfants aimeront beaucoup cette recette de curry. Servez-le avec du riz pilaf (voir p. 161).

1 c. à soupe d'huile végétale
2 oignons pelés et hachés
1 gousse d'ail écrasée
1/2 c. à café (à thé) de gingembre frais râpé
500 g (1 lb 2 oz) de bœuf pour ragoût (palette ou gîte à la noix)
    ou de steak coupé en cubes de 2,5 cm (1 po)
2 c. à soupe de curry doux
1 poivron vert évidé, égrené et coupé en morceaux de 2,5 cm (1 po)
200 ml (7 oz) de bouillon de bœuf
2 c. à soupe de concentré de tomate
200 ml (7 oz) de crème épaisse
1 c. à soupe d'amandes moulues
Sel et poivre noir fraîchement moulu
3 tomates pelées, égrenées et coupées en morceaux

La **viande rouge** est la meilleure source de fer, important pour le sang. Plus les enfants grandissent, plus ils ont besoin de fer. Le cerveau amasse la plus grande réserve de fer ; son bon développement exige donc que le régime alimentaire de l'enfant en contienne suffisamment.

SUPERALIMENTS

Faire chauffer l'huile dans une grande casserole et faire fondre les oignons, l'ail et le gingembre (5 à 6 minutes). Ajouter le bœuf et le curry et faire cuire jusqu'à ce que la viande brunisse (2 à 3 minutes). Ajouter le poivron vert et faire cuire pendant 1 minute. Incorporer le bouillon de bœuf, le concentré de tomate, la crème et les amandes ; saler. Porter à ébullition puis laisser mijoter à feu moyen-doux pendant 45 minutes ; Ajouter les tomates et faire épaissir (10 à 15 minutes de plus). Rectifier l'assaisonnement.

Pâté au poisson et aux crevettes

Ce plat est très alléchant si on le présente dans un plat en verre allant au four et qu'on le dispose en couches (photographie ci-contre). Pour ce faire, préparer la sauce séparément. Disposez d'abord une couche de morue avec la moitié de la sauce ; ensuite, une couche d'œufs en morceaux puis, une couche de saumon. Disposez les crevettes et les petits pois dessus et versez le reste de la sauce. Étalez la purée de pommes de terre à la toute fin. Sinon, suivre les directives de la recettes.

600 g (1 1/4 lb) de pommes de terre, pelées et coupées en morceaux
200 g (7 oz) de filets de morue, avec la peau
200 g (7 oz) de filets de saumon, avec la peau
400 ml (1 2/3 tasse) de lait complet
50 g (1/4 de tasse) de beurre
50 g (1/3 de tasse) de farine
125 g (4 1/2 oz) de crevettes cuites pelées
150 g (5 oz) de petits pois surgelés
2 c. à soupe de persil frais haché
Sel et poivre noir fraîchement moulu
2 c. à café (à thé) de jus de citron
2 œufs, cuits pendant 7 à 8 minutes, hachés
50 g (1/4 de tasse) de beurre fondu
60 à 75 ml (1/4 à 1/3 de tasse) de lait complet
25 g (1 oz) de cheddar râpé (facultatif)

Préchauffer le four à 180 °C/350 °F/Th. 4. Faire cuire les pommes de terre dans l'eau bouillante. Saler et poivrer les filets de poisson. Mettre dans un plat allant au four et couvrir de lait. Couvrir avec une feuille de papier d'aluminium et faire cuire au four de 12 à 15 minutes. Filtrer et réserver le lait. Ne pas éteindre le four.

Pour la sauce, faire fondre le beurre dans une casserole. Incorporer la farine et faire un roux ; faire cuire de 1 à 2 minutes. Puis, verser graduellement le lait de cuisson, jusqu'à ce que la sauce épaississe. Laisser mijoter de 2 à 3 minutes ; incorporer les crevettes, les petits pois et le persil ; y émietter le poisson. Saler et poivrer ; incorporer le jus de citron et les œufs durs hachés.

Réduire les pommes de terre cuites en purée avec 25 g (1 oz) de beurre et suffisamment de lait pour que la purée soit crémeuse ; saler et poivrer.

Mettre le mélange au poisson dans un plat rond en verre allant au four, de 18 cm (7 po) de diamètre et de 8 cm (3 po) de profondeur. Couvrir avec la purée de pommes de terre et parsemer de petits morceaux de beurre. Saupoudrer de fromage râpé (facultatif) et faire cuire au four pendant 30 minutes.

*Le **poisson** est un aliment tellement nutritif qu'il est important de trouver des recettes délicieuses que les enfants apprécieront. Mes trois enfants aiment beaucoup cette recette, et leur père aussi !*

Tortillas roulées au thon

2 tortillas

*Le **thon** en conserve est une bonne source de vitamines, particulièrement de vitamines D et B12. C'est également une bonne source de sélénium, un antioxydant qui protège contre les maladies cardiovasculaires et le cancer. Il a été prouvé que manger un poisson gras une fois par semaine réduisait les risques de maladies cardiovasculaires.*

110 g (1/4 de lb) de thon à l'huile
1 c. à soupe de mayonnaise
1/2 c. à café (à thé) de jus de citron
1/4 de c. à café (à thé) de paprika
50 g (2 oz) de maïs sucré en conserve ou surgelé

40 g (1 1/2 oz) de fines tranches de concombre, de poivron rouge ou de céleri
Feuilles de laitue iceberg en lanières
2 mini-tortillas
2 brins de ciboulette (facultatif)

Égoutter le thon et le mélanger avec la mayonnaise, le jus de citron et le paprika. Incorporer le maïs et le légume choisi. Mettre le mélange au thon au centre de la tortilla. Couvrir de lanières de laitue et rouler. On peut nouer un brin de ciboulette autour de la tortilla pour la tenir fermée.

Hamburgers aux légumes et au tofu

8 hamburgers

*Les **noix** sont tout indiquées pour les végétariens puisqu'elles fournissent de nombreux nutriments que l'on trouve habituellement dans les protéines animales. Le mélange de noix de cajou et de tofu, comme dans cette recette, est riche en protéines. Les noix de cajou tout comme l'huile d'olive sont riches en acides gras monoinsaturées, des matières grasses bonnes pour le cœur.*

POUR LES GALETTES
110 g (1/4 de lb) de bouquets de brocoli
15 g (1 c. à soupe) de beurre
200 g (7 oz) de champignons, hachés grossièrement
1 gousse d'ail écrasée
285 g (10 oz) de tofu ferme
110 g (1/4 de lb) de noix de cajou sans sel

3 ciboules finement coupées
1 carotte moyenne finement râpée
110 g (4 oz) de chapelure fraîche
1 c. à soupe de sauce d'huîtres
1 c. à soupe de miel

Sel et poivre noir fraîchement moulu
Farine
Huile végétale pour la friture

Faire blanchir le brocoli dans de l'eau légèrement salée jusqu'à ce qu'il soit tendre (environ 2 minutes). Faire fondre le beurre dans une poêle à frire et faire fondre les champignons et l'ail 3 à 4 minutes. Passer au robot culinaire avec le brocoli et tous les autres ingrédients des galettes. Bien mélanger et assaisonner de sel et de poivre.

Former 8 galettes ; les passer dans la farine et les faire dorer à feu moyen, de 2 à 3 minutes de chaque côté.

Lasagne aux tomates, aux épinards et au fromage

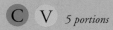
POUR LA SAUCE TOMATE

2 c. à soupe d'huile d'olive

1 gros oignon pelé et haché

1 kg (2 1/4 lb) de tomates italiennes pelées, égrenées et coupées en morceaux ou 800 g (28 oz de tomates concassées en conserve)

1 gousse d'ail écrasée

75 ml (1/3 de tasse) de bouillon de légumes

2 c. à soupe de concentré de tomate

1 c. à café (à thé) de sucre

1 feuille de laurier

1 c. à café (à thé) de vinaigre balsamique

6 feuilles de basilic en morceaux

Sel et poivre noir fraîchement moulu

POUR LA SAUCE AU FROMAGE

40 g (3 c. à soupe) de beurre

40 g (5 c. à soupe) de farine

400 ml (1 2/3 tasse) de lait

Une bonne pincée de noix de muscade moulue

40 g (1 1/2 oz) de gruyère râpé

40 g (1 1/2 oz) de cheddar râpé

Sel et poivre noir fraîchement moulu

500 g (1 lb 2 oz) de jeunes épinards, bien lavés, ou 250 g (1/2 lb) d'épinards surgelés

9 lasagnes, fraîches ou non, précuites

3 c. à soupe de parmesan râpé

Préchauffer le four à 180 °C/350 °F/Th. 4. Faire chauffer l'huile dans une grande casserole et faire revenir l'oignon de 2 à 3 minutes. Ajouter les tomates et l'ail ; laisser mijoter et ajouter le bouillon, le concentré de tomate, le sucre, la feuille de laurier et le vinaigre balsamique. Couvrir et laisser mijoter pendant 20 minutes. Découvrir et laisser mijoter 10 minutes de plus pour épaissir. Ajouter les feuilles de basilic ; saler et poivrer.

Pour la sauce au fromage, faire fondre le beurre dans une casserole, incorporer la farine et faire cuire pendant 1 minute à feu doux. Verser le lait graduellement ; ajouter la noix de muscade ; porter à ébullition et faire épaissir pendant 1 minute. Retirer du feu, incorporer et faire fondre le gruyère et le cheddar. Saler et poivrer.

Faire fondre les épinards dans une grande casserole ne contenant qu'un peu d'eau environ 3 minutes. Extraire l'excédent d'eau et hacher grossièrement.

Répartir un peu de sauce au fromage dans le fond d'un plat à lasagne d'environ 25 x 18 cm (10 x 7 po) ; couvrir de trois lasagnes (couper la 3ᵉ si nécessaire). Déposer les épinards et couvrir d'un tiers de sauce au fromage et de la moitié de la sauce aux tomates. Disposer une autre couche de lasagnes, d'épinards, de sauce au fromage et aux tomates. Placer les 3 dernières lasagnes couvrir les pâtes avec le reste de sauce au fromage. Saupoudrer de parmesan et faire cuire au four pendant 30 minutes. Faire brunir le dessus de la lasagne au gril préchauffé pendant quelques minutes.

SUPERALIMENTS

*Le **basilic** aide la digestion, facilite l'expulsion des gaz, soulage les crampes d'estomac, la colique et l'indigestion.*

Manger mieux :

le basilic frais et les tomates se marient bien dans cette délicieuse lasagne, très appréciée de tous les membres de la famille. les feuilles de basilic conservent mieux leur arôme lorsqu'elle sont déchiquetées à la main plutôt que coupées avec un couteau.

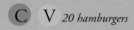

SUPERALIMENTS

*Les **oignons** et les **poireaux** protègent l'appareil circulatoire, en empêchant le sang de se coaguler. Aujourd'hui, les enfants mangent de plus en plus d'aliments vides et les matières grasses se déposent déjà sur les parois des artères des jeunes enfants.*

Mini-hamburgers aux légumes

Ces délicieux mini-hamburgers croustillants regorgent de légumes et le gruyère leur donne toute sa saveur.

250 g (1/2 lb) de pommes de terre pelées et coupées en morceaux
25 g (1 1/2 c. à soupe) de beurre
1 petit oignon pelé et haché
50 g (2 oz) de bouquets de brocoli coupés en petits morceaux
75 g (3 oz) de poireaux lavés et hachés finement
75 g (3 oz) de champignons hachés
75 g (3 oz) de carottes râpées
50 g (2 oz) de maïs sucré en conserve ou surgelé
1 c. à café (à thé) de sauce soja
50 à 75 g (2 à 3 oz) de gruyère râpé
1 c. à soupe de persil frais haché
Poivre de Cayenne
Sel et poivre noir fraîchement moulu
Farine assaisonnée
2 œufs légèrement battus
150 g (5 oz) de chapelure
Huile végétale pour la friture

12 petits pains
Feuilles de laitue
Ketchup aux tomates

Faire bouillir les pommes de terre dans l'eau légèrement salée environ 15 minutes ; égoutter et écraser. Faire fondre le beurre et y faire sauter l'oignon, le brocoli, le poireau jusqu'à ce qu'ils soient tendres (environ 3 minutes). Ajouter les champignons et faire cuire pendant 1 minute. Ajouter les carottes et le maïs ; faire cuire 2 minutes. Ajouter la purée de pommes de terre, la sauce soja, le fromage, le persil, une pincée de poivre de Cayenne, saler et poivrer. Former de petites galettes ; les passer à la farine, dans les œufs battus et dans la chapelure. Les faire dorer des deux côtés dans un peu d'huile. Servir seules ou dans des petits pains, avec des feuilles de laitue et du ketchup.

*Les **petits fruits** sont riches en vitamine C, nécessaire à la croissance, à la cicatrisation des plaies et à une peau saine.*

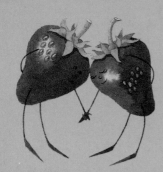

Croustade aux pêches et aux petits fruits

Voici une délicieuse croustade faite avec des petits fruits surgelés et des pêches en conserve.

J'ai saupoudré le fond du plat d'amandes moulues avant d'y mettre les fruits pour qu'elles absorbent le jus de cuisson des fruits. Ainsi, ils ne déborderont pas et la croustade ne sera pas trop ramollie. Servez chaud ou accompagnée de crème glacée ou anglaise.

POUR LA GARNITURE
125 g (1 tasse) de farine
100 g (4 oz) de flocons d'avoine
75 g (1/3 de tasse) de cassonade
Une pincée de sel
125 g (1/2 tasse) de beurre

75 g (3 oz) d'amandes moulues
400 g (14 oz) de pêches en conserve
400 g (14 oz) de petits fruits frais ou surgelés tels que framboises,
  mûres, fraises, bleuets (myrtilles)
100 g (1/2 tasse) de sucre

Préchauffer le four à 200 °C/400 °F/Th. 5.

Mélanger la farine, les flocons d'avoine, la cassonade et la pincée de sel ; couper le beurre en morceaux et avec les doigts, le mélanger à la pâte pour qu'elle devienne grumeleuse. Saupoudrer le fond d'un plat allant au four de 20 cm (8 po) de diamètre d'amandes moulues. Mélanger les pêches, les petits fruits et le sucre, et mettre dans le plat. Mettre la garniture sur les fruits et faire cuire au four jusqu'à ce que la croustade soit dorée (environ 30 minutes).

Croustade de pommes caramélisées

V 5 portions

C'est ma croustade de pommes préférée, et en plus, elle est facile à faire. Servez-la chaude accompagnée de crème glacée ou de crème anglaise. Vous pouvez ajouter des mûres ou des bleuets (myrtilles) aux pommes cuites.

750 g (1 lb 10 oz) de pommes à cuire, pelées et coupées en dés
85 g (1/3 de tasse) de beurre doux
75 g (1/3 de tasse) de cassonade pâle

POUR LA GARNITURE
50 g (1/4 de tasse) d'amandes moulues
50 g (1/4 de tasse) de cassonade pâle
100 g (1/2 tasse) de beurre froid coupé en dés
50 g (2 oz) de gruau d'avoine
1 c. à café (à thé) de cannelle
Une bonne pincée de sel

Préchauffer le four à 180 °C/350 °F/Th. 4. Faire fondre le beurre avec la cassonade jusqu'à ce que des bulles se forment. Ajouter les pommes et faire cuire à feu moyen-élevé pendant 5 minutes.

Dans un grand bol, mélanger avec les doigts tous les ingrédients de la garniture.

Saupoudrer une cuillère à soupe rase d'amandes moulues dans le fond d'un plat rond de 18 cm (7 po) de diamètre allant au four. Y mettre les morceaux de pommes; couvrir avec la garniture. Asperger la garniture de quelques gouttes d'eau et faire cuire au four pendant 30 minutes.

SUPERALIMENTS

*La **pomme** est la collation idéale : facile à transporter, elle coupe la faim et elle rafraîchit. Certaines variétés de pommes sont une bonne source de vitamine C qui maintient le système immunitaire en santé. Les pommes aident à soulager les problèmes de digestion. Les pommes non cuites soulagent les problèmes de constipation; la compote de pommes soulage les inconvénients de la diarrhée et de la gastroentérite.*

Gâteau au fromage, au chocolat blanc et aux petits fruits

POUR LE BISCUIT
250 g (9 oz) de biscuits digestifs (à l'avoine)
125 g (1/2 tasse) de beurre fondu

POUR LE GÂTEAU
150 g (5 oz) de chocolat blanc
1 c. à café (à thé) d'essence de vanille ou 1 gousse de vanille
225 ml (7 oz) de crème épaisse
300 g (10 oz) de fromage à la crème

POUR LA GARNITURE
400 g (14 oz) de petits fruits tels que fraises, mûres, framboises,
  bleuets (myrtilles), groseilles
2 c. à soupe de confiture de framboises
2 c. à café (à thé) d'eau
50 g (2 oz) de chocolat blanc

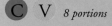

8 *portions*

*Les **petits fruits** contiennent beaucoup de vitamine C, qui aide à renforcer le système immunitaire et à lutter contre les infections. La vitamine C aide aussi le corps à assimiler le fer.*

Placer les biscuits dans un sac en plastique et les écraser à l'aide d'un rouleau à pâtisserie. Les mélanger ensuite avec le beurre fondu. Mettre le mélange dans un moule à fond amovible et bien presser (on peut se servir d'un pilon). Placer au réfrigérateur.

Faire fondre le chocolat au bain-marie. Ajouter l'essence de vanille à la crème (si on utilise une gousse de vanille, l'ouvrir et racler les graines que l'on ajoutera à la crème). Fouetter la crème jusqu'à ce qu'elle forme des pics fermes; y plier délicatement le mélange au chocolat blanc. Verser sur le biscuit et remettre au réfrigérateur pendant 2 heures.

Une fois que le gâteau est bien ferme, le retirer du moule. Disposer les petits fruits dessus. Faire chauffer la confiture et l'eau; tamiser. Laisser refroidir pendant 1 minute, puis en badigeonner les fruits. Faire fondre le reste de chocolat et en décorer, à la cuillère, les petits fruits.

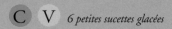

*Les **fraises** contiennent plus de vitamine C que n'importe quel autre fruit rouge. Elles aident l'assimilation du fer par le corps.*

V *12 carrés*

*Le **chocolat** contient de bons nutriments : du fer, du magnésium et du calcium (dans le chocolat au lait). N'ayez donc pas honte d'en manger !*

Le saviez-vous ?

Les envies de chocolat se justifient parce que manger du chocolat libère et augmente les taux de sérotonine et l'endorphine dans le cerveau. C'est pour cette raison que l'on se sent bien après en avoir mangé.

Sorbet de fraises en sucettes

50 g (1/3 de tasse) de sucre en poudre
60 ml (1/4 de tasse) d'eau
250 g (1/2 lb) de fraises équeutées et coupées en deux
1 orange moyenne pressée

Faire bouillir le sucre et l'eau dans une casserole jusqu'à l'obtention d'un sirop (environ 3 minutes). Laisser refroidir. Réduire les fraises en purée ; tamiser pour enlever les graines. Mélanger la purée de fraises, le sirop et le jus d'orange ; verser dans des moules à sucettes. Mettre au congélateur.

Gâteau glacé au chocolat blanc et noir

200 g (7 oz) de chocolat
75 g (3 oz) de sirop de maïs
75 g (5 c. à soupe) de beurre doux
150 g (5 oz) de biscuits digestifs
75 g (3 oz) d'abricots secs hachés
50 g (2 oz) de raisins secs
50 g (2 oz) de noix de Pécan hachées finement
40 g (1 1/2 oz) de riz soufflé
60 g (2 1/2 oz) de chocolat blanc coupé en petits morceaux

Tapisser le fond d'un moule carré de 23 cm (9 po) de pellicule plastique en la laissant déborder. Faire fondre le chocolat, le sirop et le beurre au bain-marie en remuant de temps à autre ; réserver et laisser refroidir.

Casser les biscuits en petits morceaux ; mélanger avec les abricots secs, les raisins secs et les noix de Pécan, le riz soufflé et le chocolat blanc. Incorporer ce mélange au chocolat fondu. Verser dans le moule et lisser la surface à l'aide d'un pilon ou du revers d'une cuillère. Réfrigérer de 1 à 2 heures. Retirer délicatement la pellicule plastique et couper en 12 carrés.

Sucettes aux canneberges, limonade et orange

250 ml (1 tasse) de jus de canneberges
100 ml (1/3 de tasse) de limonade
100 ml (1/3 de tasse) de jus d'orange frais

Mélanger tous les ingrédients et verser dans des moules à sucettes. Mettre au congélateur.

Gâteau aux carottes

225 ml (7 oz) d'huile de tournesol
150 g (3/4 de tasse) de cassonade ramollie
3 œufs
115 g (4 1/2 oz) de sirop de maïs
250 g (2 tasses) de farine autolevante
1 c. à café (à thé) de bicarbonate de soude
1 c. à café (à thé) de cannelle moulue
1/2 c. à café (à thé) de gingembre moulu
1/2 c. à café (à thé) d'épices mélangées
150 g (5 oz) de carottes râpées
40 g (1 1/2 oz) de noix de coco déshydratée

POUR LE GLAÇAGE
200 g (7 oz) de fromage à la crème
100 g (2/3 de tasse) de sucre glace tamisé
1 gousse de vanille ou quelques gouttes d'essence de vanille pure

Préchauffer le four à 150 °C/300 °F/Th. 2. Fouetter ensemble l'huile, la cassonade, les œufs et le sirop jusqu'à homogénéité. Tamiser et incorporer la farine, le bicarbonate de soude et les épices. Ajouter les carottes et la noix de coco. Verser dans un moule rond ou carré de 20 cm (8 po) au fond beurré et recouvert d'une feuille de papier sulfurisé. Cuire au four de 40 à 45 minutes. Pour savoir si le gâteau est cuit, y enfoncer une brochette ; si elle ressort propre, le gâteau est cuit. Retirer du four et laisser refroidir.

Pour le glaçage, battre le fromage à la crème avec le sucre glace. Couper la gousse de vanille, racler les graines à l'aide de la pointe d'un couteau et mélanger (si on utilise de l'essence de vanille, en verser quelques gouttes). Étaler le glaçage sur tout le gâteau quand il est bien refroidi.

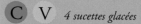 4 sucettes glacées

Les **canneberges** sont riches en vitamine C : il y autant de vitamine C dans un verre de jus de canneberges que dans un verre de jus d'orange.

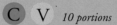 10 portions

Les **carottes** contiennent beaucoup d'antioxydants, très efficaces pour renforcer le système immunitaire. Une carotte moyenne fournira à un enfant de 6 ans sa dose quotidienne recommandée de vitamine A.

SUPERALIMENTS
SUPERALIMENTS

*Le **jus de canneberges** est depuis longtemps utilisé pour prévenir et guérir les cystites ou autres infections de la vessie, des reins et urinaires. Les canneberges sont une bonne source de vitamine C.*

Conseil

La gélatine en feuille est miraculeuse : elle se dissout plus facilement que la gélatine en poudre qui laisse des résidus. On peut acheter de la gélatine en feuilles dans la plupart des supermarchés

Gélatine de canneberges et de framboises avec petits fruits

Ce dessert est très attrayant et facile à préparer. On peut préparer un grand dessert ou de petits desserts individuels. Si vous ne trouvez pas de gélatine en feuilles, utilisez deux sachets de gélatine en poudre de 10 g (1/4 oz).

6 feuilles de gélatine
600 ml (2 1/3 tasses) de jus de canneberges et de framboises
60 g (1/4 de tasse) de sucre
350 g (3/4 de lb) de petits fruits tels que mûres, framboises, bleuets (myrtilles),
 groseilles et fraises, frais ou surgelés

POUR LE COULIS DE FRAMBOISES
200 g (7 oz) de framboises
20 g (2 c. à soupe) de sucre glace

Placer la gélatine en feuilles dans un plat peu profond ; recouvrir d'un peu de jus de canneberges et de framboises ; laisser la gélatine ramollir pendant environ 5 minutes.

Faire chauffer le reste de jus de canneberges et de framboises, avec le sucre, dans une casserole, jusqu'à ce que le mélange soit très chaud. Incorporer la gélatine en feuilles et le jus, remuer jusqu'à ce que toute la gélatine soit dissoute. Laisser reposer et refroidir.

Si on utilise des fruits frais, couper les fraises en deux et détacher les groseilles de leurs tiges. Rincer un moule à gelée d'environ 750 ml (3 tasses), ne pas le sécher pour faciliter le démoulage. À la cuillère, y mettre les fruits ; verser 300 ml (1 1/4 tasse) de jus et réfrigérer pendant 1 heure ou jusqu'à ce que la gélatine soit ferme. Lorsqu'elle est prête, recouvrir du reste de jus et remettre au réfrigérateur. On peut aussi verser la gélatine dans un moule à pain ou dans 4 à 6 ramequins dans lesquels auront été répartis les fruits.

Pour faire le coulis, fouetter énergiquement les framboises et le sucre glace ; tamiser pour obtenir une sauce onctueuse. Ajouter du sucre glace si nécessaire.

Tremper le moule de gélatine dans un bol d'eau chaude ; passer la pointe d'un couteau sur les bords pour libérer la gélatine. Renverser sur une grande assiette et secouer légèrement le moule pour que la gélatine glisse. Servir avec un peu de coulis de framboises, et pourquoi pas, de la crème glacée à la vanille.

*L'**avoine** a une teneur élevée en fibres solubles, qui réduisent le taux de cholestérol dans le sang, et fournissent de l'énergie durable. Les fibres coupent la faim. Manger du gruau d'avoine est une bonne façon de commencer la journée.*

Muffins aux pommes, à l'avoine et aux raisins secs

Chez nous, on les appelle les muffins unijambistes parce que je les avais préparés en revenant de faire du ski où je m'étais cassé une jambe. Heureusement, mes deux filles, m'ont donné un bon coup de main! Elles ont rassemblé les ingrédients et m'ont aidé à faire des essais jusqu'à ce que nous parvenions à concocter cette délicieuse recette de muffins, maintenant l'une des préférées de la famille.

1 œuf
150 ml (2/3 de tasse) d'huile de tournesol
175 ml (3/4 de tasse) de lait complet
75 g (3 oz) de gruau d'avoine
125 g (1 tasse) de farine
3 c. à café (à thé) de levure chimique
75 g (1/3 de tasse) de sucre
3/4 de c. à café (à thé) de sel
1/2 c. à café (à thé) d'épices mélangées
1/2 c. à café (à thé) de cannelle moulue
150 g (5 oz) de raisins secs
1 pomme pelée, évidée et coupée en morceaux

Préchauffer le four à 180 °C/350 °F/Th. 4. Battre l'œuf dans un bol, et mélanger avec l'huile de tournesol et le lait. Dans un autre bol, mélanger tous les autres ingrédients et les incorporer au mélange liquide. Mélanger légèrement jusqu'à ce que le tout soit bien humidifié (ne pas trop mélanger). Verser dans des moules à muffins dans lesquels vous aurez placé des moules en papier. Faire cuire au four pendant 25 minutes.

Yogourt glacé aux fruits d'été

Ce yogourt glacé velouté est délicieux. On peut également réaliser cette recette avec des fruits frais.

300 g (10 oz) de petits fruits surgelés tels que framboises,
  mûres, bleuets (myrtilles), fraises, cerises, groseilles
400 ml (1 2/3 tasse) de yogourt doux nature
200 ml (7 oz) de crème épaisse
75 g (1/3 de tasse) 1 c. à soupe de sucre

Réduire les fruits en purée et passer au tamis. Remuer le yogourt et fouetter la crème légèrement jusqu'à ce qu'elle forme des pics mous. Mélanger le yogourt, la crème, 75 g (3 oz) de sucre et la purée de fruits. Mettre dans la sorbetière. Lorsque le yogourt est congelé, mélanger le reste de fruits et 1 c. à soupe de sucre, et verser sur le mélange.

On peut également verser le mélange dans un contenant et mettre au congélateur. Lorsque le yogourt est à moitié congelé, le battre jusqu'à ce qu'il devienne onctueux soit avec un mélangeur manuel (mixeur-plongeur) soit au robot culinaire afin de briser les cristaux de glace. Mélanger le reste des fruits avec 1 c. à soupe de sucre et verser sur le yogourt glacé. Remettre au congélateur ; remuer 1 ou 2 fois de plus au cours de la congélation pour obtenir un yogourt velouté.

Lait fouetté aux petits fruits

350 g (3/4 de lb) de petits fruits frais ou surgelés tels que fraises,
  bleuets (myrtilles), mûres, cerises, groseilles
50 g (1/3 de tasse) de sucre glace tamisé
100 ml (1/3 de tasse) de crème légère
200 ml (3/4 de tasse) de lait complet
Glaçons

Réduire les fruits en purée ; tamiser ; mélanger avec le sucre glace. Incorporer la crème et le lait. Servir dans des verres avec des glaçons.

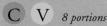

8 portions

*Le **yogourt** peut remplacer le lait si vous y êtes allergique : les bactéries vivantes utilisées dans le processus de transformation du yogourt ont absorbé le lactose (le sucre que contient le lait), source d'allergie pour de nombreuses personnes.*

V 3 verres

*Le **lait** est un excellent aliment pour les enfants, il est très riche en calcium. Les enfants aiment bien boire du lait quand il est mélangé à d'autres aliments, surtout des fruits.*

Les allergies alimentaires

Deux personnes sur dix pensent avoir des réactions allergiques à certains aliments. Une étude publique détaillée donne cependant à penser que seulement deux personnes sur cent ont des réactions, désagréables et vérifiables, à la nourriture. Nombreux sont ceux qui mettent en cause les additifs alimentaires, mais en réalité, ces allergies sont cent fois moins fréquentes que les allergies aux aliments naturels, tels le lait ou le blé.

Les allergies alimentaires se déclenchent dès l'enfance et s'accompagnent d'une diversité de symptômes : vomissements, diarrhée, douleurs abdominales, eczéma, lésions cutanées et respiration difficile. Avec autant de symptômes dont la cause pourrait se trouver ailleurs, il est difficile d'affirmer que les aliments sont responsables ou de découvrir quels sont les aliments fautifs. Les réactions peuvent se produire immédiatement après avoir mangé un aliment en particulier ou des heures, voire des jours plus tard. Si vous pensez que votre enfant est allergique à un certain aliment, il vaut mieux consulter un médecin.

Il y a réaction allergique lorsque le système immunitaire perçoit à tort qu'une certaine substance le menace (voir description plus loin); la réaction immunitaire se déclenche, libérant une grande quantité d'anticorps dans le sang, d'où l'eczéma, l'urticaire, le rhume des foins, l'asthme, la diarrhée, et même une croissance ralentie. En présentant des aliments solides aux bébés entre 4 et 6 mois, il y a moins de risques qu'ils souffrent d'allergies alimentaires. Toutefois, ce sont les bébés de moins de 18 mois qui sont le plus à même de développer des allergies.

Manger mieux : on peut remplacer le beurre par de la margarine au soja ou aux légumes, sans lait. Il existe aussi de nombreux yogourts et desserts à base de soja, sans produit laitier. On peut par ailleurs remplacer le lait au chocolat par celui à la caroube.

Les aliments qui provoquent le plus souvent des allergies chez les bébés :
- lait de vache et produits laitiers
- noix
- œufs
- produits à base de blé
- poisson et crustacés
- agrumes et jus de petits fruits

Antécédents familiaux

Les allergies alimentaires sont source d'inquiétudes. Pourtant, elles sont plutôt rares, à moins qu'il n'y ait des antécédents familiaux. Les risques qu'un enfant développe des allergies est deux dois plus grand si l'un de ses parents ou l'un de ses frères ou sœurs souffre d'une maladie atopique comme l'asthme, l'eczéma ou le rhume des foins. Dans ce cas, l'allaitement pendant les 4, préférablement pendant les 6 premiers mois semble le protéger. Si vous allaitez, n'oubliez pas que les substances allergènes de certains aliments que vous consommez tels les produits laitiers, les œufs, les oranges ou le blé, circulent dans le lait maternel. Cela peut alors provoquer une réaction chez votre bébé (p. ex. l'eczéma). N'arrêtez cependant pas de consommer un groupe alimentaire important, comme les produits laitiers, vous risqueriez de provoquer une carence; il vaut donc mieux consulter un diététicien.

Ne présentez pas à votre enfant des aliments qui pourraient provoquer des allergies avant l'âge de 6 mois. Sevrez votre enfant lentement, en lui présentant des aliments sans danger comme le riz pour bébés, les légumes-racines, les pommes et les poires. Évitez les aliments à risque élevé (voir la liste ci-dessus) jusqu'à l'âge de 9 à 12 mois. Si, dans votre famille, il y a un aliment particulier qui provoque des allergies, évitez-le avant l'âge d'un an. Ne supprimez pas d'aliments essentiels dans l'alimentation de votre enfant sans d'abord consulter un médecin. Si vous soupçonnez votre enfant d'être allergique à un aliment courant, le lait ou le blé, consultez un spécialiste ou planifiez un menu équilibré.

Généralement, les allergies disparaissent entre l'âge de trois et cinq ans. Par contre, il n'y a pas de remède pour les allergies permanentes, et la seule façon de ne pas en souffrir consiste tout simplement à éviter l'aliment soupçonné. Le système immunitaire des bébés n'est pas suffisamment développé et ils peuvent tomber malades très rapidement; n'hésitez donc jamais à appeler un médecin en cas d'inquiétude.

Comment savoir si votre enfant souffre d'allergies

La seule façon fiable de confirmer une allergies consiste à éliminer l'aliment soupçonné ou les aliments allergènes communs, d'attendre que les symptômes disparaissent et, au bout de six semaines, de présenter à nouveau ces aliments, un à la fois, jusqu'à ce que les symptômes réapparaissent. C'est ce qu'on appelle une alimentation par élimination, suivie d'une alimentation par provocation ; ceci devrait être surveillé par un médecin et un diététicien agréé. D'autres méthodes, comme la méthode par électrodes ou les tests par piqûre épidermique ne sont pas assez précises pour diagnostiquer des allergies alimentaires.

Allergies alimentaires particulières

Allergie aux protéines du lait de vache : c'est la plus fréquente chez les enfants. Une réaction allergique au lait maternisé ou à un produit laitier peut se produire en quelques minutes, ou après quelques jours, voire quelques semaines. Parmi les symptômes : crampes, diarrhée, vomissements, lésions cutanées ou difficultés respiratoires.

Si votre bébé est sensible au lait maternisé à base de lait de vache, consultez votre médecin. Il pourrait vous recommander un lait maternisé à base de soja ou un lait particulièrement hypoallergénique. Près de 30 % des bébés qui sont allergiques au lait de vache deviennent également allergiques au lait de soja. Le lait maternel est le meilleur lait pour les bébés, mais les mamans qui allaitent devront éliminer les produits laitiers de leur alimentation.

Si votre enfant est allergique au lait de vache, tous les aliments que vous achetez ne doivent pas contenir de lait, de beurre, de fromage, de crème, de yogourt, de ghee, de lactosérum, de lactose ou de solides laitiers.

Les additifs et les colorants : pour un très petit nombre d'enfants, certains additifs, comme la tartrazine, un colorant très fréquemment utilisé dans les aliments, provoquent des réactions allergiques. Il pourrait aussi exister un lien entre l'alimentation et l'hyperactivité. Des études montrent que pour très peu d'enfants (bien moins que ce que les parents pensent), les additifs – les aromatisants et les colorants –, ou les aliments comme le lait ou le blé, ont des incidences sur le comportement.

Intolérance alimentaire : une intolérance alimentaire, ou fausse allergie alimentaire, est un état où le corps est provisoirement incapable de digérer certains aliments. Une intolérance ne dure pas longtemps et est différente d'une allergie alimentaire impliquant le système immunitaire. Une intolérance alimentaire peut cependant provoquer les mêmes symptômes ; si vous pensez que votre enfant est allergique à un aliment courant comme le lait de vache, consultez votre pédiatre avant de changer de lait maternisé. Il se peut fort bien que la réaction allergique de votre bébé soit temporaire. Si on découvre chez votre enfant une allergie à un aliment courant comme le blé, consultez un spécialiste sur la façon d'équilibrer les menus.

Intolérance au gluten : on trouve le gluten dans le blé, le son, l'orge et l'avoine ; il est donc présent dans le pain, les pâtes et les biscuits. Certaines personnes souffrent d'une intolérance au gluten toute leur vie, il s'agit de la maladie cœliaque. Bien que rare, c'est une maladie grave. On la diagnostique à l'aide d'examens sanguins et d'une endoscopie de l'intestin grêle.

Parmi les symptômes d'une intolérance au gluten : perte d'appétit, croissance lente, ventre gonflé, selles pâles, volumineuses, moussantes et malodorantes. Les aliments contenant du gluten ne devraient pas être offerts aux enfants avant l'âge de six mois ni les céréales que mangent les bébés entre quatre et six mois (de riz ou de maïs). Les céréales de riz ne présentent aucun danger ; pour plus tard, il y a plusieurs produits sans gluten comme les nouilles au soja, au maïs, au riz ou au millet, des spaghettis au sarrasin et des farines de pommes de terre pour faire de la pâtisserie ou pour épaissir les sauces.

Les arachides : les arachides et tous les produits qui en contiennent peuvent provoquer une très grave allergie appelée choc anaphylactique, qui peut causer la mort. Dans les familles qui ont des antécédents d'allergies, y compris le rhume des foins, l'eczéma et l'asthme, il est recommandé d'éviter tous les produits contenant des arachides jusqu'à ce que l'enfant ait trois ans, et ensuite, de consulter un médecin avant de les introduire dans l'alimentation. Les huiles végétales qui peuvent contenir de l'huile d'arachide ne provoquent pas d'allergies, parce qu'elles ont été raffinées, et toute trace de protéines d'arachide a été supprimée. Tant qu'il n'y a pas d'antécédents familiaux d'allergies, le beurre d'arachide et les noix très finement moulues peuvent être présentés à l'enfant dès l'âge de six mois. On ne devrait pas donner de noix entières aux enfants de moins de cinq ans en raison des risques d'étouffement.

Les aliments qui guérissent

Allergies alimentaires

Voir aussi *Maladies atopiques* et les pages 184-185.

Asthme

Voir *Maladies atopiques.*

Colique

La colique est très fréquente chez les bébés, entre six et douze semaines ; elle se déclenche surtout le soir. On n'en connaît pas vraiment les causes, mais pour en atténuer les symptômes, des mamans qui allaitent évitent de consommer certains aliments. Si on élimine, par exemple, les framboises, les conséquences ne sont pas très graves ; mais si on envisage d'éliminer des groupes d'aliments importants, comme les produits laitiers, il faut consulter un spécialiste immédiatement. L'élimination des produits laitiers, source importante de calcium, pendant l'allaitement fait courir à la mère des risques graves, comme celui de souffrir d'ostéoporose ou d'avoir des os fragiles une fois plus âgée.

Comment traiter la colique :

• Modifier la position d'allaitement de votre enfant ; tenez-le plutôt droit qu'en position allongée ; un mouvement calme et régulier peut soulager l'enfant.
• On peut donner une préparation à base de fenouil, de camomille et de mélisse à partir d'un mois (disponible en pharmacie).
• Les préparations sous forme de gouttes peuvent soulager.
• On peut donner aussi des tisanes sans sucre en très petites quantités (rappelez-vous, le dextrose, c'est du sucre)
• Les massages peuvent soulager la douleur et la tension.

Constipation

La constipation, c'est l'évacuation peu fréquente de selles solides aux quatre à huit jours. Elle est rare chez les bébés allaités : le lait maternel se digère facilement et a un effet laxatif. Les enfants nourris au lait maternisé ont tendance à aller à la selle moins souvent ; leurs selles sont parfois de couleur et de consistance différentes. Les habitudes intestinales des enfants varient, mais si vous pensez que votre enfant est constipé, assurez-vous qu'il tète régulièrement, que les tétées ne sont pas trop concentrées et offrez-lui un biberon

d'eau bouillie puis refroidie entre les tétées. N'ajoutez pas de sucre aux biberons, son état pourrait empirer.

Une fois que votre bébé est sevré, donnez-lui des aliments riches en fibres naturelles, p. ex. des fruits et des légumes, des pruneaux (jus et fruit), des haricots au four et des lentilles. Après l'âge de six mois, donnez-lui moins d'aliments raffinés, comme le pain blanc et les céréales sucrées ; il est préférable de lui donner du pain et des céréales complets comme des Weetabix, du gruau, du muesli. Donnez-lui des morceaux de noix et de fruits secs, des pâtes au blé complet et du riz brun. Évitez des aliments trop bourratifs comme le pudding ou les macaronis au fromage. Si le problème persiste, consultez un médecin.

Diarrhée

La diarrhée est le signe que le corps doit évacuer quelque chose qui l'irrite ; elle peut s'accompagner de vomissements. Les causes sont nombreuses : trop de fibres ou de jus de fruits dans l'alimentation, une sensibilité ou une intoxication alimentaire. Elle est parfois l'une des conséquences de la prise de médicaments, comme des antibiotiques.

La plupart des enfants perdent l'appétit quand ils ne se sentent pas bien. Les jeunes enfants peuvent se déshydrater très rapidement, il est donc important que votre enfant boive régulièrement. Offrez-lui le sein et de l'eau bouillie puis refroidie. Vous pouvez également lui offrir des jus de fruits très dilués : pour les bébés de plus de six semaines, 1 c. à café (à thé) de jus de fruit sans sucre ou du jus de fruit pour bébés dans un biberon de 60 ml (1/4 de tasse) d'eau bouillie puis refroidie ; pour les bébés de plus de trois mois, 2 à 3 c. à café (à thé) de jus de fruits sans sucre dans un biberon de 60 ml (1/4 de tasse) d'eau bouillie puis refroidie.

Si la diarrhée persiste, vous pouvez essayer de lui donner un réhydratant par voie orale, que votre pharmacien vous conseillera. Si votre enfant vomit aussi et ne peut rien garder, consultez votre médecin.

Il arrive que lorsqu'un enfant souffre de diarrhée pendant une longue période de temps, il développe une intolérance secondaire au lactose ; cela signifie qu'il est devenu intolérant au sucre que contient le lait. Cet état est provisoire et s'estompera une fois que la diarrhée aura disparu. N'arrêtez pas d'allaiter votre enfant ou de lui donner du lait maternisé sans consulter un médecin. Les bébés qui souffrent de diarrhée ont besoin de liquides et de nutriments, le lait est tout indiqué.

Une fois que l'enfant ne souffre plus de diarrhée, les bons aliments à lui donner sont le riz, la semoule, le poisson grillé, les bananes, le pain grillé, les biscuits secs et la compote de pommes (voir la recette, p. 40).

Eczéma

L'eczéma est une maladie complexe; les enfants qui en souffrent devraient être vus par leur pédiatre régulièrement. Ce n'est pas souvent l'alimentation qui provoque l'eczéma, mais plutôt les lessives, les savons, l'herbe ou le pollen dans l'air. Si l'enfant vient d'une famille où l'on souffre d'eczéma, alors l'allaitement peut permettre de retarder son déclenchement. Les aliments qui sont le plus souvent responsables sont le lait de vache, les noix, le blé, les œufs et les crustacés (voir aussi p. 184-185).

Fièvre

Lorsque votre enfant ne se sent pas bien, donnez-lui beaucoup à boire. Essayez de lui offrir des boissons nourrissantes au lait, comme un chocolat chaud ou un lait fouetté ou alors des soupes claires, comme la soupe au poulet.

Offrez-lui ses aliments préférés pour stimuler son appétit, mais ne vous inquiétez pas outre mesure. Très peu de nourriture pendant quelques jours n'aura pas de conséquences graves; la plupart des enfants se rattraperont en mangeant plus que d'ordinaire dès qu'ils se sentiront mieux.

Si votre enfant prend des antibiotiques, offrez-lui des yogourts probiotiques. Les antibiotiques tuent les bonnes et les mauvaises bactéries dans l'intestin; et la consommation de yogourt probiotique permet de rétablir l'équilibre.

Gaz

Voir *Colique*.

Intolérance au lactose

On pense à tort que l'intolérance au lactose est une allergie alimentaire. Le lactose, c'est le sucre qui se trouve dans le lait et l'intolérance au lactose, c'est l'incapacité de digérer ce sucre en raison de l'absence d'un enzyme de l'intestin grêle, le lactase. Les principaux symptômes d'une intolérance au lactose sont : diarrhée, crampes, flatulence et distension abdominale. L'intolérance au lactose peut être héréditaire, le corps ne produit pas suffisamment de lactase, ou elle peut survenir à la suite d'une gastroentérite (infection de l'intestin grêle). Dans ce dernier cas, les lieux de production de lactase sont endommagés, et donc, le corps ne peut plus digérer le lactose, d'où l'intolérance. Au bout de quelques semaines ou mois, la production d'enzymes recommence et le lactose est alors digéré normalement.

Les enfants qui souffrent d'intolérance au lactose devraient éviter de consommer les produits laitiers et devraient soit boire 600 ml (2 1/2 tasses) de lait de soja enrichi de calcium par jour et des aliments riches en calcium, soit prendre un supplément de calcium que leur médecin peut prescrire. Tout récemment, on a vu sur le marché l'apparition de lait maternisé ou normal faible en lactose pour les personnes qui souffrent d'intolérance au lactose.

Maladies atopiques

L'allaitement permettra de retarder le déclenchement de maladies atopiques tels l'asthme, l'eczéma, le rhume des foins et les allergies alimentaires. Dans certains cas, des changements alimentaires pourraient atténuer les symptômes de ces maladies, mais la seule façon de s'en assurer consiste à suivre un régime alimentaire par élimination.

Rhumes et grippe

Faites manger à votre enfant beaucoup de fruits et de légumes frais très riches en vitamine C pour qu'il obtienne un bon apport de vitamines et de minéraux (voir p. 16). De récentes études montrent que la soupe au poulet réduit les mucosités et les inflammations nasales et stimule le système immunitaire; elle est facile à avaler et riche en vitamines et minéraux.

Rhume des foins

Voir *Maladies atopiques*.

Index

Annabel Karmel est une auteure renommée d[...] pour enfants. Après le décès de sa fille aînée, à l'âge de trois mois, des suites d'une infection virale rare, elle rédige son premier livre, *Le Grand Livre de Bébé gourmand*, un livre devenu une référence mondiale en matière d'alimentation des jeunes enfants. Annabel Karmel a écrit 10 autres livres sur l'alimentation des enfants. L'un des premiers auteurs de livres de cuisine pour enfants, elle a mis au point de délicieuses recettes, originales, nutritives et rapides à préparer. Grâce à elle, les parents ne passent plus des heures dans la cuisine.

Elle est mère de trois enfants, Nicolas, 15 ans, Lara, 14 ans et Scarlett, 12 ans. Critiques exigeants, les enfants se préoccupent rarement de savoir si leurs aliments sont sains ou non; par contre, ils s'intéressent beaucoup à leur saveur. C'est la raison pour laquelle Annabel Karmel a demandé à un groupe d'enfants de tester ses recettes pour s'assurer qu'elles étaient attrayantes tout en étant nutritives. Elle a créé une gamme de repas préparés destinés aux enfants, novateurs et nutritifs, disponibles en Grande-Bretagne.

Chef cuisinière, elle est l'auteure en résidence de gastronomie pour enfants pour un site Web très détaillé sur l'alimentation des enfants. Elle publie des articles dans de nombreux quotidiens et magazines et participe souvent à des émissions télévisées portant sur l'alimentation des enfants.

Visitez le site Web d'Annabel Karmel : www.annabelkarmel.com

Remerciements de l'auteure

À mes trois enfants, Nicolas, Lara et Scarlett, qui ont dévoré à belles dents et avec enthousiasme les repas proposés dans ce livre.

À mon mari, Simon, passé maître dans l'art de manger des repas pour bébés.

À ma mère, Evelyn Etkind, qui dévalise très régulièrement mon réfrigérateur pour ses réceptions.

À David Karmel, pour ses opérations de sauvetage nocturnes visant à récupérer tous les aliments que j'avais jetés dans la boîte de recyclage.

À Daniel Pangbourne pour ses magnifiques photos. Avec lui, les aliments s'animent et les enfants ne bougent plus.

À Jacqui Barnett pour son soutien et son enthousiasme infatigables.

À Paul Sacher de l'Hôpital pour enfants Great Ormond Street de Londres.

À Marina Magpoc, Letty Catada et Jane Hamilton : un grand merci pour votre aide.

Gail Rebuck, Amelia Thorpe, Denise Bates, Lisa Pendreigh, Emma Callery, Helen Lewis, Sarah Lewis, Tessa Evelegh, Jo Pratt, Borra Garson, Stephen Springate.

À mes adorables mannequins : Amelia Arkhurst, Louis Fattal, Somerset Francis, Jo Glick, Scarlett Karmel, Lucas Keusey, Olivia Leigh, Anouska Levy, Alexandra Meller, Harry Ross et Arabella Schild.

Les éditeurs voudraient également remercier les personnes suivantes pour leur avoir gracieusement prêté les accessoires qui apparaissent dans ce livre : Heal's, 196 Tottenham Court Road, Londres W1P 9LD (et ses autres magasins, notamment pour les meubles d'enfants); Muji, 6 Tottenham Court Road, Londres W1 et ses autres magasins (layettes); Babygap (magasins de layettes) et Bridgewater, 739 Fulham Road, Londres SW6 5UL (poterie).